めんどくさがりな性格のまま、
体がサクサク動くアイデア

家事は、すぐやる！

マキ
MAKI

今から5年前
6:00
ふわぁ
あぁ……
昨日疲れて寝オチ
しちゃった
ハッ
ごっちゃり…
昨夜の
洗い物
残ってる…
後で
やらなきゃ…
カチャ
ママ〜!
カチャ
7:00
おはよ
おはよ…って
もうそんな時間!?
長女3才
朝ごはん!
お弁当もか!
ポロ
もー
ちゃんと
食べてー!
8:00
あ!もう着替えなきゃ
間に合わない!
今日は
どれにしよう…
お客さんに
会うから
ジャケットとー
あとはー…
ママー!
いって
くるね!
はーい!
もうこんな
時間…!!

私も会社にいってきます！
未読メール30件…
カタ
カタ
やるっきゃなーい!!
バリ
バリ
おっ
スゴイー
そして
16:00
お先です〜
おつかれ！
ママ！
おかえりなさーい！
よし！スーパーに行くよー！
おー!!
レジめっちゃ混んでる！
ズラー
しかも娘がいなーい！
アレ!?
ママここだよー
も〜！
ハァ…つかれた…
ただいまー
カチャ…
晩ごはん作らなきゃ…
でも時間がない…
こ、こんなときこそ…！

コレだー!!
COOK KOO
回鍋肉
時短にはインスタント調味料だよねうん!
戸棚にストックいっぱい
ズラー
ズラッ
でも副菜も2品くらい作らなきゃ!
レシピ100
えーと…あの調味料はたしか…
ハッ
この甜麺醤賞味期限3ヶ月前だ!!
原材料
賞味期限
△△.01.26
こっちの豆板醤も期限切れ
もう…こんなのばっかりだなぁ…
ハァ…
20:00
ごちそうさまー!
えーと次はお風呂に入れて…
おなかいっぱーい

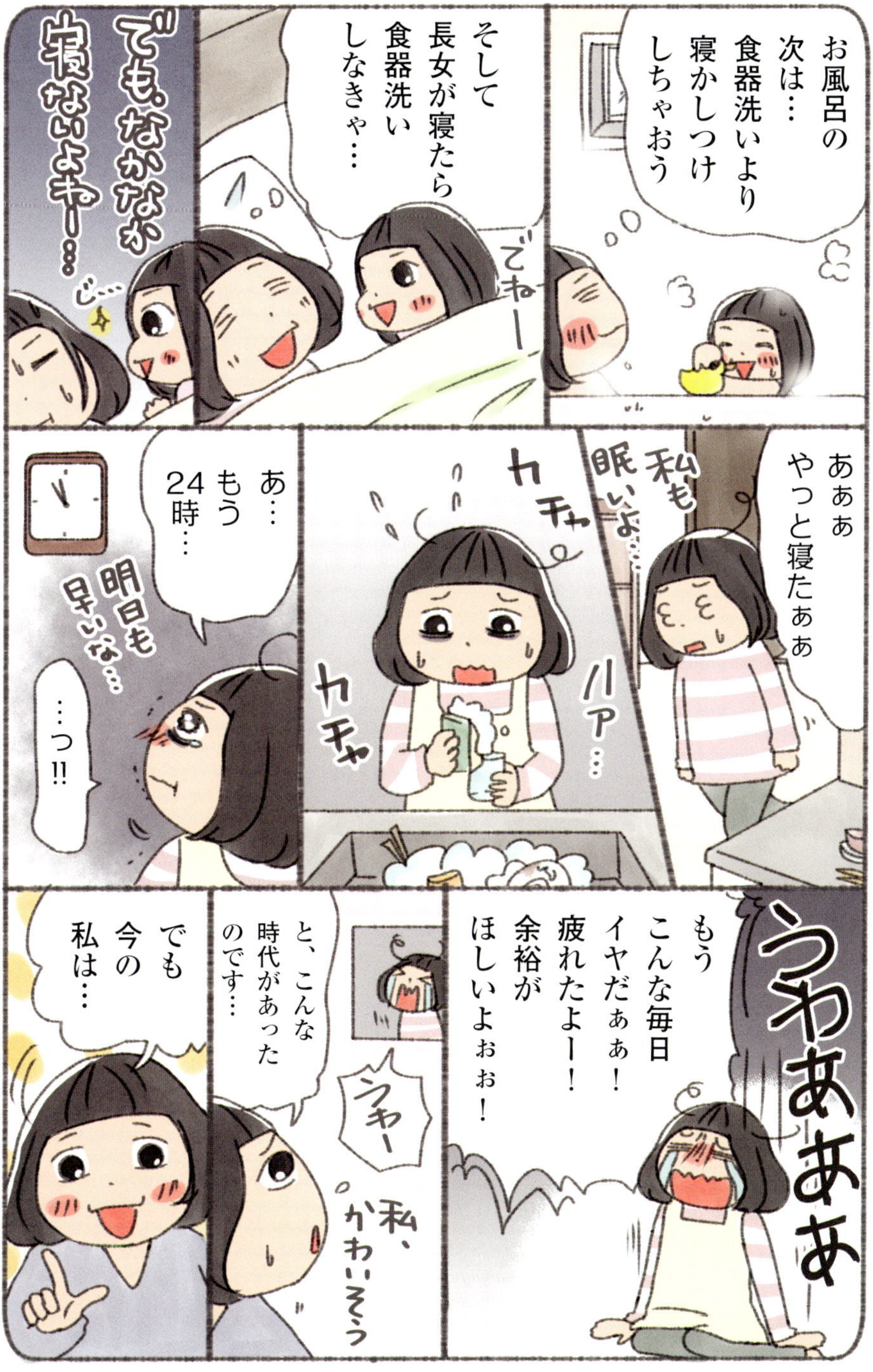
お風呂の次は…食器洗いより寝かしつけしちゃおう
でねー
そして長女が寝たら食器洗いしなきゃ…
でも、なかなか寝ないよねー…
じー…
あぁぁやっと寝たぁぁ
私も眠いよ…
カチャ
ハァ…
カチャ
あ…もう24時…
明日も早いな…
…っ!!
うわあああ
もうこんな毎日イヤだぁぁ!疲れたよー!余裕がほしいよぉぉ!
と、こんな時代があったのです…
うわー
私、かわいそう
でも今の私は…

6:50
起床
7:00
朝食作り
7:20
朝食
できたよ〜
7:50
片づけ
メイク
キッチンのシンクを洗面所がわりに！
8:00
長女登校
部屋整える
いってきま〜す！
8:25
夫、次女と
3人で家出る
いってきまーす
9:00 〜 16:00
仕事
バリ！バリ！
16:50
子ども
お迎え
ただいまー
長女は自分で帰宅〜
17:20
洗濯物
取り込み
夕飯作り
今日はーコレ!!
18:00
洗濯
お風呂
ゴウン…
19:00
夫帰宅
夕飯
19:30
洗濯物干し
夕飯片づけ
カチャカチャ
20:00
子どもと
遊ぶ

21:30
子どもと就寝
スヤァァァ
平日はこのルーティンで決まってるから
習慣的に体が動いて「すぐやる」! 平日はこれ以外家事やらない! やること最小限だから「すぐやる」!
バリバリ!!
このシステムの秘密は… 週末に「先回り」して家事を済ませているから!
フオオオ!!
トントン
ん? なんだかデキる母みたい?
いえいえ! まったく!
めんどうくさがりで家事が苦手だからこそです!
習慣にしちゃえばいろいろ悩まず淡々とこなすだけ!
ものぐさな私が楽するために生み出した「ものぐさルーティン」ご紹介しますね!
あの頃の私に大丈夫って言ってあげたいのに

まえがき

私は、もともと本当に「ものぐさ」で、ついダラダラしてしまったり、ついやらなきゃいけない家事を後まわしにしたりして、結局、家事に追われて夜寝るのが遅くなってしまったり…とそんな毎日を過ごしていました。

いつも時間に振り回されてばかりいる。
忙しい毎日にあっぷあっぷしながら流されるように過ごしていて、家族も自分も大切にできていない。
気づけば笑顔を忘れ、みけんにシワを寄せている毎日でした。

そんな自分を変えたい！　ずっとそう思っていましたが、自分の生まれ持った性格なんて、そう簡単には変わらないのです。
だから、「デキる母」に生まれ変わることなど早々にあきらめて、この性格を変えなくても、「ものぐさ」な私のままでも、家事を「すぐやる！」を、実現できる工夫を考えようと決めました。

それが、今回ご紹介する「ものぐさ家事ルーティン」。ものぐさな性格のままでも、自動的に家事がサクサク片づくアイデアです。

ルーティンを作ろうと決めた私が行ったこと、それは「やらなくちゃ」と思っている家事や、「必要だよね」とそろえている家事の道具をもう一度見直すことでした。すると、やみくもに必要だと思い込んでいただけのものがたくさん見つかったのです。「必要最低限」なコト、モノだけでも、家族４人、十二分に楽しく生活できることを実感しています。

「すぐやる！」のコツは、平日と週末の過ごし方にあります。

家事の配分は平日２割、週末８割。平日がんばらずに過ごせるのは週末にちょっとした工夫をしているからです。その具体的なコツを一つひとつご紹介しますね。

家事も子育ても、どちらも中途半端になっているような気がする…そうやって自分を責めてしまいがちな、昔の私のようなワーキングマザーのみなさんが、もっと楽に日々を過ごせますように。

私の日々の暮らし方が少しでもお役に立てればとてもうれしいです。

すぐやる母は平日2割・週末8割で動く！

POINT 1
週末の「先回り」家事で平日の家事は少しだけ。

POINT 2
平日の1日は完全に習慣化で考えない、迷わない。

POINT 3
家事も家事道具も食器もすべて必要最小限にしました。

↓

だから、
「すぐやる！」
が、できるのです。

平日

- ワンプレート朝食作り
- 常備菜詰めるだけ弁当作り
- 20分で夕食作り
- 洗濯

2割！

週末

- ワンプレート朝食作り（平日より少し時間をかけて）
- まとめて掃除（家の各部屋をまとめて一気に）
- まとめて買い物
- 洗濯（シーツなどの大物を週末に）
- 主菜の先回りセット作り（P46〜）
- 常備菜作り
- その他こまごま家事（毎週ではなく、必要に応じて）
  ＊洗剤の詰め替え容器への補充
  ＊使い古しタオルや洋服でぞうきん・ウエス作り
  ＊鍋の黒ずみ落とし
  ＊縫い物、ミシンがけ
  ＊アイロンがけ
- 季節の家仕事（梅シロップ作り、干しいも作りなど）

8割！

もくじ

第3章

平日の夕食メイン＆週末の常備菜 すぐやる！レシピ

第4章

生まれた余裕で母シゴト。私の自由時間

※本書で使用する調味料についてはP80をご参照ください

第1章

「めんどう」はオールカット
平日の、すぐやる！

平日の家事は、まさに「ものぐさ家事ルーティン」。
キーワードは「必要最低限！」です。

家事は、終わりがなく、
こだわりだすとキリがありません。
だから、ただでさえ忙しい平日に
あれこれ考えたり、迷ったりしないで済むように
「平日の家事はこれだけでOK！」と
ルーティン化してしまっています。

必要最低限で決まっているから
自動的に家事を「すぐやる！」が、実現できる。
そのコツをご紹介します。

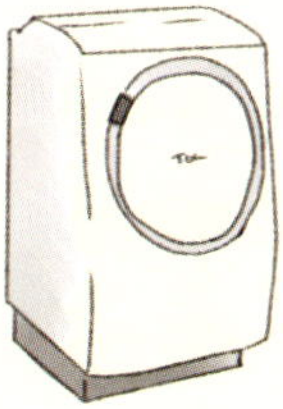

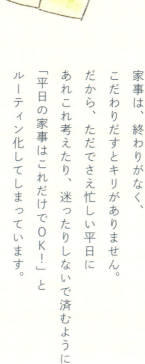

やるコツ①

朝は火も油も使わないと腹をくくる！

●常備菜をフル活用のワンプレート朝食
●油を使わないので、洗剤いらずで洗い物も簡単
●自然食品店のベビーリーフは洗わず、切らず使える

我が家の朝ごはんは、一人、ワンプレートと決めています。

そこにのせるのは、栄養を意識したメニュー。それが、①「炭水化物」前日の夕食後に握ったおにぎりか、バゲットやトーストなどのパン ②「野菜」サラダや作り置きの常備菜 ③「たんぱく質」ゆで卵やハム ④「乳製品」ヨーグルトやチーズ です。

朝ごはんの自分ルールは、「火と油を使わないこと」。常備菜は、作り置きのものをのせるだけですし、ゆで卵も、前日の夕食作りで土鍋ごはんを炊くときに、付属の中皿に卵をのせて同時に作っておいたもの。朝は火を使って調理する時間も、油で汚れたフライパンを洗う時間も省きたいと思うのです。ちなみに、サラダにも時短の工夫を1つ。できるだけ自然食品店で買った無農薬のベビーリーフを選んで、野菜を洗う時間、切る時間もカットしています。

これら一つひとつは、たとえ1分ほどで終わってしまうようなちょっとした作業だったとしても、5つ積み重なったとしたら…「5分」、ですよね。朝の5分は大きい！

しかも食べ終わったプレートは、洗剤いらずの「和紡布《わぼうふ》」でさっとなで洗い。油を使わないから、洗うのも簡単なのです。これも忙しい朝に大事なポイントですね。

サクサクアイデア

ワンプレートだから洗い物が１つで済むのです。

お茶碗、お椀…×家族分。朝は洗うのしんどいよねぇ。

やるコツ②

買い出しは週末1回だけ。平日はパス！

- 1回の買い物で買った食材でやりくりすると決める
- 夕方のスーパーは混雑していて想定外の時間ロス
- 1つ買い足すと、つい余計なものまで買いがち

平日の帰宅後には、「母さん仕事」が待っています。それは、平日の家事は最低限にする、と決めている私だってそう。夕食作り、昨晩干した洗濯物を取り込んで、子どもとお風呂に入って洗濯機をまわす。洗濯が終わったものを干す、寝かしつけ…これらを「今日はやーめた」とはできません（もちろん、手抜きの工夫はたくさん！）。

さらに時間は限られています。だって、子どもが元気に過ごせるように、寝かしつけの時間を後ろ倒しにはしたくない。そして、私自身も仕事や家事を効率的にこなせるように睡眠時間を確保したい。

だからこそ、平日に娘を迎えに行った後は、「まっすぐ家に帰る」と決めています。ここで、「あ、てんさい糖が切れてた」なんて、いつもとは違う寄り道をしようものなら、混んだレジに並んだりして想定以上に時間をロスしてしまいます。しかも、レジ待ちの列にイライラしたりして、ドッと疲れてしまう。その疲れは、その後の家事に影響しますよね。ここで例えば、30分ロスしたら、その後も30分ずつ後ろ倒しに。かといって娘たちの寝かしつけ時間は決まっているから夕食の洗い物を後回しにしたり（寝かしつけたあと起きてやらなきゃ）、洗濯物を干さずに放置しておいたり（すぐ干さないのでシワシワに！）、帳尻合わせが必要になります。帳尻合わせに考えを巡らせる時間も労力ももったいない。だから、平日の「ちょっと買い物」はナシ！　買い物は休日にまとめてすることで平日の時間の使い方に余裕ができます。

サクサクアイデア

平日は冷蔵庫にあるものを使い切る、と決めています。

寄り道して買い物すると、ついつい目的以外のものも買っちゃうよね。

やるコツ③

夕食おかずは「炒め物」一択。＋常備菜でいい

- 平日の夕食はあれこれ作らないでいい、と決める
- フライパン1つでできる主菜、炒め物に頼る
- 土鍋ごはんなら、8分で炊けて、なおかつおいしい!

以前の私は、毎日、新米主婦向けの料理本を開いて「さて今日は何を作ろうか」からはじめていました。平日から揚げ物をしたり、異国の料理に挑戦しようと変わり種の調味料を取り出して、「賞味期限が半年前!」とガックリきたり、主婦として副菜も2~3品並べなきゃ、とがんばったり…かと思えば、「今日はもう無理!」と、市販の麻婆豆腐の素や、味つけ済みの冷凍肉に頼ったり。当時のバタバタエピソードには事欠きません。

という、そんなこんなを、今ではすべてやめました。我が家の平日の夕食は、「①主菜1品 ②週末の作り置き常備菜 ③土鍋ごはん ④お味噌汁」、以上。このフォーマットを決めて、2口コンロを駆使しながら毎日ほぼ同じフローで動いています。すると、あれこれ考える必要がなく習慣のまま動けるのでストレスがないのです。

さらに、①の主菜は基本的には「炒め物」ということまで決めています。ちょっとあまりにルール化しすぎて味気ないのでは、と思われますか? いいえ、そんなことはありません。短時間でさっと仕上げる炒め物は、「旬の野菜のおいしさ」を味わうのにぴったりのすばらしい調理法だと思います。しかも、フライパン1つでできる上、失敗の心配がほとんどない。これに、週末ごとに精米したお米を使った炊きたての土鍋ごはんと、お味噌汁があれば、家族も私も大満足です。

その分、毎週末は手の込んだ料理を作って楽しみます。このバランスが心地いいのです。

サクサクアイデア

20分を目安にすると調理の「身の丈」が見えてくる

私の平日の夕食作りにかける時間はMAX20分。
そう決めると、スッキリ。

やるコツ④

週末まとめて「先回り家事」が平日の私を助ける

- 週末には自家製「インスタント」をまとめて作っておく
- 自家製インスタントは、ただ肉を調味料に浸けるだけ
- 特に、息切れしそうな週末に「あってよかった！」

数年前まで、我が家では市販の合わせ調味料（チャーハンや八宝菜の素など）や冷凍の味つけ肉など「インスタント食材」を活用していた、とお伝えしました。そして今の我が家は、どうなったと思いますか？答えは、「今もインスタント食材を積極的に使っています」。ただし、ちょっとだけ違うのは、週末に用意しておいた「自家製インスタント」なところ。

今、我が家で使っている「自家製インスタント」は主に3種類です。

①主菜の先回りセット（週末に肉や魚に味をつけて冷蔵庫や冷凍庫に保存しておきます。夕食作りの際には、それを焼くだけで主菜1品が完成）

②お味噌汁セット（日々、お味噌汁の具を切るときに倍量切って半分を保存袋に入れて冷凍しておきます。倍量切るのは平日でもたいした手間ではありません）

③自家製の合わせ調味料（自家製の万能しょうゆや甘酢、めんつゆなど）

これらが登場するのは、たいてい週の後半の息切れしそうなとき。いつも、「週末に用意しておいてよかった〜」と助けられています。それぞれ、あとのページで詳しくご説明しますね。みなさんの参考になれば、とてもうれしいです。

サクサクアイデア

週末には自家製インスタントをストック！

味つけ肉が冷凍庫にあるだけで、
帰り道の心が安定するのです。

やるコツ⑤

味つけがブレない「合わせ調味料」という味方

●我が家は自家製「合わせ調味料」をストック
●これがあれば、いつでもブレずに「我が家の味」
●調味料にこだわれば、さらに良し！

スーパーで手に入る、麻婆豆腐の素や回鍋肉の素など、いろんな「合わせ調味料」は確かに便利ですよね。家にいくつもの調味料を常備する必要はないし、炒めた具材に合わせるだけで完成する手軽さ、味つけのブレなさは何よりもの魅力。実際、私も長女が生まれたばかりの頃、今のように平日のいろんな家事をルール化する前は積極的に頼っていました。それが最近はどうか、というと今も「合わせ調味料」を活用しています。でも、ちょっと違うのは「自家製」なところ。

例えば、27ページの自家製の甘酢。常備菜作りで活躍するだけでなく、炒め物に加えれば、酸味と甘みの両方を補え、夏にぴったりのさわやかな一皿が完成します。また、たとえば「万能しょうゆ」。しょうゆに、にんにくやショウガ、大葉を刻んで漬け込んだもので、これがあればからあげやチャーハンの味にぐっと深みが出ます。

元となる調味料を、「ちょっといいもの」でそろえているのもポイントかもしれません。しょうゆは、国産の材料にこだわった「井上古式じょうゆ」を、みりんと酒は1本で兼用できる「味の母」を、お酢は京都の「千鳥酢」を、砂糖はホクレンの「てんさい糖」を愛用。ほか常備する基本の調味料は、あとは自家製の味噌やなたね油とあと少し、くらいでしょうか。だから、我が家の定番料理はこれらで作れるシンプルな和食。そもそも使用頻度の低い調味料は買わないと決めていて、作れないものは外で食べる、と割り切っています。

サクサクアイデア

時短＝手抜きじゃないから罪悪感がありません

調理のたびに合わせ調味料を作る、
そのめんどくささといったら…!

我が家の「合わせ調味料」7選

旬の野菜のおいしさは、
簡単な調理法で仕上げるほど生きてくると思っています。
我が家の味に欠かせない、大活躍の7アイテムをご紹介します。

①自家製「めんつゆ」

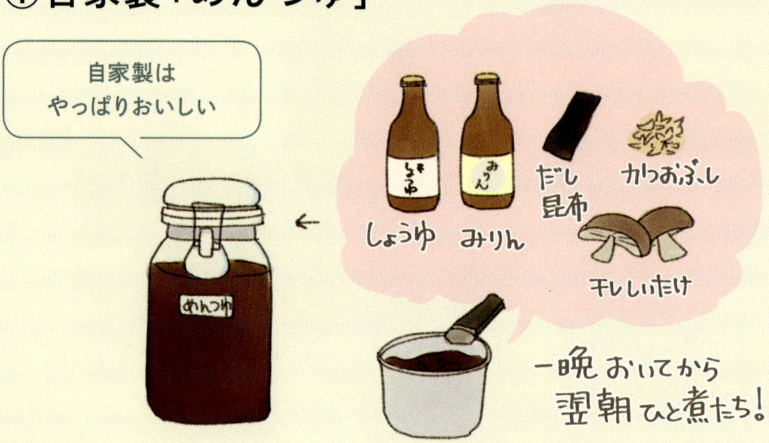

材料

しょうゆ　200ml
みりん　200ml
出汁昆布　1枚（瓶に合わせて）
かつおぶし　1つかみ
干ししいたけ　6個

しょうゆ、みりん、出汁昆布、かつおぶし、干ししいたけを鍋に入れて一晩置いておく。翌日、ひと煮立ちさせたら完成です。水：めんつゆ =1:1 の液をビニール袋に入れてゆで卵を一晩つけこめば味玉の完成。

納豆代わりにごはんにのせて

オクラやモロヘイヤなどのネバネバ系の野菜を刻んで、めんつゆに漬ける常備菜をよく作ります。納豆がわりに、ごはんにのせて。子どもたちも大好きです。

②自家製「甘酢」

サラダや炒め物にも
活躍！

だいたいお酢を使ったメニューって砂糖とセットだと気づきました。だから甘酢があれば、両方入っているから時短になります！

材料

千鳥酢　450ml
てんさい糖　150g
※ともに 80 ページ参照
一般的な米酢の場合は
てんさい糖を 200g に

ビンにてんさい糖を入れてから千鳥酢を注いで、フリフリするだけ。てんさい糖が溶け切ったら完成です。

③塩昆布

切った野菜に塩昆布を和えるだけで、即完成する塩昆布和え。きゅうりや白菜、アボカドなどの変わり種まで何でも合う万能乾物。だしも味つけも 1 アイテムで完結する、本当に便利なアイテムです。

常備したら
1年中使えます

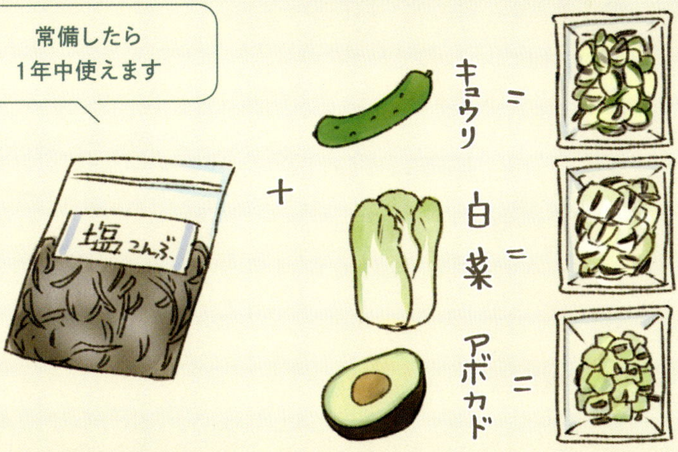

④自家製
「万能しょうゆ」

材料

しょうゆ　適量
にんにく　1かけ
ショウガ　1かけ
大葉　2枚

清潔な空き瓶に、細かく刻んだにんにく、ショウガ、大葉を加えてしょうゆを注ぎ、冷蔵庫で保管します。水を加えないので半年程度持ちます。しょうゆのしみた薬味もいっしょにチャーハンと炒めても◎。

⑤自家製
「ポン酢」

材料

ゆずの絞り汁　100ml
（すだちやカボスでも可）
酢　100ml
しょうゆ　200ml
みりん　大さじ1
出汁昆布　1枚（瓶に合わせて）

清潔な瓶にすべての材料を入れてよく振ります。日が経つほど、昆布の出汁が出て風味が増していきます。このおいしさを知ってしまうと、もう市販のポン酢には戻れません！

我が家の食卓しょうゆはこちら

⑥自家製「だししょうゆ」

材料
しょうゆ　200ml
みりん　100ml
出汁昆布　1枚（瓶に合わせて）

しょうゆとみりんを瓶に入れ、出汁昆布を加えて1日以上置きます。

旬の野菜の、最高のおとも！

⑦自家製「マヨネーズ」

材料
卵黄　1個
甘酢（27ページ）　大さじ2
塩　少々
なたね油　120ml

1 新鮮な卵黄、甘酢、塩を空の牛乳パックに入れる。
2 1に糸のように油をたらし入れながら、ブレンダーにかける。（油が一定の量まで入るとマヨネーズらしく固まってきます）約1～2分で完成。

＊生卵を使用しているので、3日間ほどで使い切ってください

やるコツ⑥

食器のパターンを絞っているから洗う気になる

- 夕食の主菜をのせる皿は、平皿か深皿の２択
- 色は、料理を選ばない白。収納しやすい形も重視
- 割れるとショックなお皿は今は使わない

今も昔も、すてきな雑貨屋さんを訪れてあれこれ小物を見るのが大好きです。今のようなシンプル生活に入る前は、家のあちこちに雑貨屋さんで手に入れた小物を飾って楽しんでいたほど（それらの雑貨は、私以上にミニマル主義の夫によって、次女を出産入院中に処分されたのですが〈笑〉！）。そんな私ですから、素敵な器を見るたび当然心惹かれます。が、「今の我が家には必要ない」。割り切っています。

うちで使う器は、家族４人の飯椀、汁椀のほかは、朝食用の木のプレートと夕食の主菜用の平皿と深皿。あとはどんぶりと取り皿用の小皿のみです。あとは飲みもの用としてグラスとマグカップ。これだけです。

夕食の平皿と深皿の色はどちらも真っ白で、のせる料理を選びません。だから、選ぶときはメニューのボリュームや汁気など単純な条件だけみてサッと選べばいい。平日はあらゆる選択を最低限にして頭を使う時間を1秒でも減らしたいのです。洗い物も毎日ほぼ同じ枚数、形なので、洗って水切りに並べる位置も固定され、ここでも頭を使う必要ナシ。また、どの食器もスタッキングできるシンプルな形状でそろえているので、収納の少ない我が家でもすっきりしまうことができます。だから、お皿を出し入れする動線もスムーズ。改めて書いてみると、一つひとつはとても些細なこと。でも、忙しい平日は、本当にこの積み重ねが身を助けるのです。ぜひ、みなさんも自分ルールを探してみてくださいね。

夕食の器は
基本の「お茶碗」と「汁椀」以外は
まっ白の平皿か深皿どちらか2つだけ！
汁気やボリュームのあるものは
深皿！
それ以外は
平皿！
シンプル！
迷わず即決です！
うちに無いもの
これ以外の用途があまりないので！
さんまをのせる長い皿
小皿に取り分ければよし！
和えものなどをわける小鉢
作家さんの1点モノなど…ステキだけどネ!!
スタッキングできない形のもの
ワイングラスや湯呑み
マグカップやふつうのグラスでOK
ウチにはなくていい！わりきっています♪

サクサクアイデア

洗うのが楽！の視点で食器を選ぶ

プラスチックは割れにくいけど、
ヌメリが取れづらくて洗う手間が…。

やるコツ⑦

洗濯物はたたまないと決めました

●洗濯物はたたまずハンガーのままクローゼットへ
●洗濯は毎日、と決めて自然と体が動く仕組みに
●仕事用の私服も制服化して迷わない仕組みに

洗濯って、洗濯機が全部やってくれるけど、干して取り込んだ洗濯物を1枚1枚たたんでしまうのがめんどう…という方は多いのではないでしょうか。私もそうで、これをなんとか工夫したいと思いました。

試行錯誤した結果行き着いたのは、「たたむ動作が必要ないフロー」。具体的には、洗濯物が乾いたら…

・外出着はそのままハンガーから外さずクローゼットへ。
・下着や部屋着（兼パジャマ）は取り込んだものをお風呂上がりにすぐに着る。
・バスタオルも乾いたものを風呂上がりにそのまま使って拭けたらすぐ洗濯機へ。
・キッチンリネンやトイレのタオルなどは取り込んだその手で所定の位置に（交換済は洗濯機へポイ）。

そして、毎日の洗濯を習慣化。タイミングはお風呂の直後で、脱いだ服や使ったバスタオル、交換したキッチンリネンなどを洗濯機に放り込んで即スタート。すると、「今日は洗濯どうしよう」と迷う必要がなくなり、ストックの必要もなくなりました。「たたんでしまう」＝替えのストックを作る、ということですものね。

ちなみに、仕事着は季節ごとに制服化して2種類をルーティンで着用。だから毎朝迷うことがありません。選ぶポイントは「同じ服の色違い」。洗濯して干すのも毎日同じなので目をつぶっても干せます（笑）。

サクサク
アイデア

仕事着も部屋着も下着も
2着ローテかなりおすすめです

外出着は無理でも、部屋着からならルーティン化も簡単！（我が家はパジャマも兼ねてます）

やるコツ⑧

こまごま家事は とりあえず スマホにメモ

- 気になった家事は、スマホに書いた瞬間に忘れる
- 平日にこまごま家事はやらない！ と決める
- 週末に、スマホに書かれたこまごま家事を消化

日々の家事しごとには終わりがありません。こだわろうとすればキリがないし、気になる部分や、整理したい場所など考え出したらどんどん湧き出てくる。そのほとんどが、5分以下で済む「こまごま家事」です。

この一つひとつを、平日の限られた時間に「ちょっとなら」と、はさみ込むと、帰宅後のスケジュールは少しずつ、でも確実に後ろ倒しになり、家族だんらんの時間や21時半の就寝時間などは到底守れません。

だから私は、平日に気になった「こまごま家事」、例えば、そろそろ詰め替え容器に洗剤を入れたいな、とかウエスが少なくなってきたから切らなきゃな、などなどは、その場ですぐに取りかからず、スマートフォンのメモ帳にとりあえずアウトプット。そして書き出したら、次の瞬間には忘れてしまうようにします。

そんな「こまごま家事」を、週末にまとめてやるのです。そのタイミングは、たいてい家でゆっくりしている日曜のすきま時間に。ちょっと家事をして、合間に子どもたちと遊んで…ゆったり流れる週末の時間のなかで、無理することなく1つずつ片づけていきます。

ちなみに、大学時代はサークルで洋服のリメイクなどをしていた私は、針仕事が大好き。ボタンつけなど縫い物の家事や、自分のためのアクセサリー作りなどは、土曜日の夜に少々夜更かしして、じっくり没頭するのが定番ですね。

こういうの… 全部週末でいいじゃないか!

5分以下のこまごま家事

パックス
ナチュロン補充
木の器の手入れ
(2ケ月に1回)
食卓のティッシュ
補充(週1回)
ゴシ
ゴシ
鍋の黒ずみ
落とし
(汚れたら)
ウエス切り
(なくなったら)

夜のじっくり家事

アイロンがけ
ミシンがけ
ぬいもの
手作り
アクセサリー

サクサク
アイデア

平日生まれたゆとりを
こまごま家事に当てない

つめこみすぎない！　平日は最低限でいいんです。
平日はあせって雑になりがちですしね。

やるコツ⑨

子どもといっしょに寝オチしていい

●平日の家事は最低限なので20時には終わる
●平日を元気に過ごすために21時半には就寝
●寝かしつけ後に家事はしない。寝オチばんざい！

平日、時短勤務をしている私は、限られた時間で仕事に集中し、帰宅後に家事をこなすためには、自分のコンディションを整えておくことが大切だと実感しています。だからこそ、睡眠時間をちゃんと確保することを本当に重視しています。最近読んだ本によると、寝不足の体は、二日酔いと同じような状態になっているそう。それでは、仕事も家事も思うようにこなすことはできませんよね。睡眠時間を削るのは、逆に非効率だと言えるかもしれません。

ロングスリーパーな私の就寝時間は、娘たちを寝かしつけるのと同じタイミングの21時半。そこから、翌朝6時50分くらいまで寝るので、執筆の仕事がないときは約8〜9時間は寝ている計算になります。さみしがりやの夫も子どもたちと同じ時間に布団に入ることが多いので、家族みんなで寝室に行き、我が家は省エネモード。夫は至福のひとりスマホの時間ですが、私は子どもたちと一緒に寝てしまいます。

平日は、20時ごろにはすべての家事が終わります。それ以降は家事をしません。すぐ終わりそうな「こまごま家事」も、まとめて週末にする。そう決めているので何も迷いなく、安心して自分スイッチをオフにできます。

このルールを決める以前の私は、寝かしつけたあと、日づけが変わる頃まで家事に追われていましたね。自分ルールを決めるって本当に大事だなと実感しています。

サクサクアイデア

寝かしつけ（OFF）からの片づけ（ON）は、やめました。

それって再起動するようなもの…。
寝オチできる幸せといったら！

COLUMN

最近、引っ越しました

もっと「すぐやる！」暮らしの場へ

我が家は、家族4人でずっと「1LDK・53平米」のマンションに住んでいましたが、つい先日引っ越しをしました。

実は、ずっと引っ越し先を探していたのです。条件は、「2LDKで窓がたくさんある家」。それが、なかなかピンとくる物件が見つかりませんでした。

実は、もっと広い3LDKの家ならいくつもあったのです。でも、今の私たちの家族構成と暮らし方、持っている物の量を考えると、そこまでの広さは必要ありません。ほかでもない、我が家に「ぴったりくる」物件を探し続けていました。

なかなか見つからず、なかばあきらめモードでしたが、やっと最近思い描

引き戸をすべて開ければ大きなワンルームになります。条件に合う家があれば引っ越したいなあと日々情報収集していたかいがあって、我が家に最適な物件が見つかりました。

いた通りの家に運良く出会えたのです。２ＬＤＫで、広さは前より少し広めの59平米。窓が大きく、日当たりが抜群で、高めの天井が気持ちいい。

ようやく家具がそろい、新しい暮らしが始まったばかり。この家に合うモノ、収納方法、ライフスタイルを模索中です。

ちなみに、こちらの新居、作りつけの収納スペースがほぼゼロなんです。そこは、ふつうに考えるとマイナス点なのかもしれませんが、モノを必要最低限しか持たない我が家では、問題ナシ。むしろ、収納がないおかげでためこまず、自然と「すぐやる！」生活に拍車がかかるかも？　なんて、考えています。

今回、無印良品で新たに買った木製タンス。我が家にある物の半分が、ここに収まりました。低めで圧迫感もなく、ちょっとしたサイドテーブル代わりにもできて便利。

キッチンに置いた棚。一番上にまな板を干し、上から2〜5段目に食器類を置き、一番下に果物やストックの水を置いて。我が家にある食器はたったこれだけ。十分事足ります。

寝室のスペースは縦長の間取りの一番奥に。引き戸で分断された部屋で、戸を開ければ広々ワンルームに。寝るときは戸を閉めてプライベート空間に。臨機応変に開け閉めします。

お風呂の脱衣所。洗面所の手拭きタオルは、毎日風呂上がりの足拭きに使い、その後洗面台を拭いてから洗濯機に。バスマットを手放し、毎日洗面台をきれいに保てるルーティン。

第2章

少しの先回りで家事貯金しとく！週末の、すぐやる！

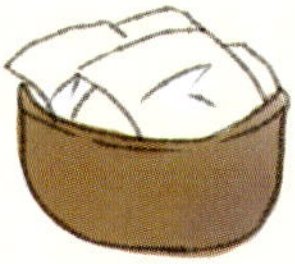

なぜ、ものぐさな私が
忙しい平日に家事を「すぐやる！」を実現できるのか？
その秘密は、週末の過ごし方にあります。

週末のキーワードは「先回り」。
料理の下ごしらえも掃除も、先回りしてやって
家事貯金をしておけば、
その分、平日に楽ができる！
そもそも家事の種類と量が「必要最低限」だから
週末にまとめられるのもありますね。

具体的な下ごしらえ術もご紹介。
ぜひ参考にしてくださいね。

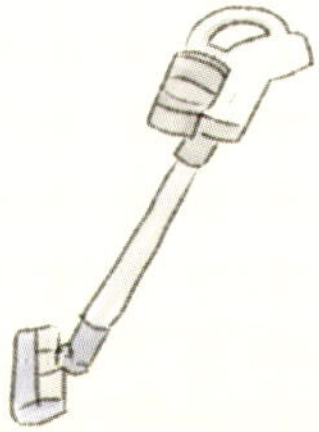

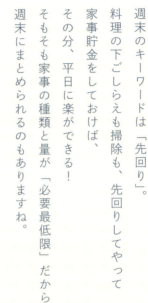

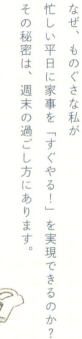

やるコツ①

買い物は週1回だから予算1万で管理できる！

- 我が家は、週1回のまとめ買い出しシステム
- 週1回なので、1回1万の予算管理がしやすくなる
- 買い物は家族みんなでとことん楽しむ

買い物は週末の日曜日、週1回だけと決めています。だから、平日にスーパーへ寄って食材の買い出しをすることはほぼありません。それは、平日の夕方以降の時間を就寝までスムーズに進めたいのはもちろんですが、こと買い物に関しては、こんな楽しい時間を平日の忙しいなかで余裕なく済ませたくないから。さらに、週末でも効率重視ならメモを片手に目的の食材だけをサクサクとカゴに放り込んで短時間で済ませるべきなのでしょうが、それじゃ、もったいないので、時間のある日曜日に、家族みんなで散歩の帰り道に向かいます。

1回の予算は1万円。それだけ決めて、あとはじっくり食材と向き合って、娘たちに「このにんじんがおいしそうだよ」とか、「もういちごが並びだしたね！」とか、おいしい野菜の見分け方や、その旬について伝えたり、食材をいっしょに見ながら「今日の晩ごはんは、このお刺身食べたいね」とか会話したりして時間をかけてめぐるのです(とはいえ、子どもたちはいつの間にかお菓子コーナーに消えていたりするのですが！)。夫も、スーパーで食材を見るのが好きなので、大好きなきのこを何種類もカゴに入れていたり（それを私がそっと棚に戻したり…）、夕食の魚をどれにするか吟味したりしながら楽しそう。こうして楽しく選んだ旬の食材は心強い存在。私はこの食材ありきで、常備菜と日々の献立を考えるスタイルです。平日の簡単シンプル調理だって、旬の食材があればおいしい料理へと姿を変えてくれるのです。

サクサクアイデア

買い物を家族のアクティビティに！

平日だと「早くしなさい！」って言いたくなる
お菓子選びもゆとりがあって◎

やるコツ②

買ったときのテンションのまま下準備する！

●主菜の食材は毎回魚と豚、鶏を各2種類ずつ購入
●買い物したばかりのテンションを逃さず、即、下準備を
●下準備の基本は「半調理」。あとは焼くだけの状態に

毎週末の買い物では、その週の平日に食べる主菜、肉や魚を買います。その内訳は、たいてい魚が2～3種類と豚肉と鶏肉をそれぞれ1～2種類ずつ。どんな種類を買うかは、ほとんどノープランで、その場で「今日はこれがおいしそう」と思った品や、その日のお買い得品が基本。ただ、なんとなく鶏むね肉と豚コマだけは、使いやすくて価格も安いので毎週カゴに入れている気がします。あとは、豚肉ならひき肉や薄切り、ブロックなど、鶏肉なら、むね肉、もも肉、手羽先、手羽中、砂肝、ささみ…など、具体的な料理名を事前に考えず、その場のテンションで買う品を決めるのが常です。

平日の献立は、週の前半の月曜、火曜あたりに鮮度が大事な魚、後半に肉を、とゆるくルール化。だから、魚は冷蔵庫に、肉は特に週末のうちに味つけた「先回りセット」にしてから冷凍庫に入れることがほとんどです。

「先回りセット」のポイントは、とりあえず味つけただけの「半調理」の状態で留めて保存しておくこと。それなら、最終的にどんな野菜と合わせるか、どんな薬味で味つけをアレンジするかなど、その日の気分で決められるのです。しかも、仕上げは当日だから、できたてのおいしさを味わえます。

味つけに迷ったときには、とりあえず「しょうゆ＋みりん」の甘辛味に。どんな野菜ともぴったりで、ごはんもすすむ優れものです。その他、便利な味つけを次のページからご紹介しますね。

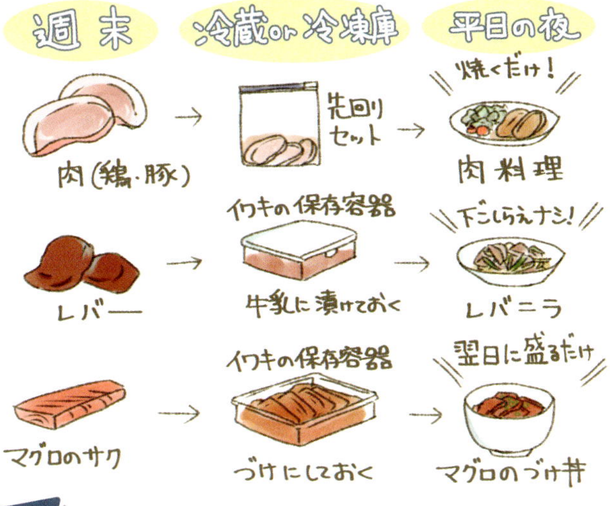

サクサクアイデア

「先回りセット」で平日の負担を軽くする

パックのまま冷蔵庫に入れたかたまり肉って、どんどん使うのが億劫に…。

メインの先回りセット 1

どんな食材とも相性抜群の甘辛味です

しょうゆ ＋ みりん

→ 豚肉・鶏肉・魚などなんでも

どの味つけにするか迷ったら、
すかさずこの味に決めることにしています。
どんな食材とも合う、照り焼きの甘辛味は我が家の娘たちも夫も大好き！
食材を食べやすい大きさに切って漬ければ平日かなり楽です。

しょうゆ
みりん
我が家は
みりん+酒
の
「味の母」
を
愛用！

ポリ袋等にメインの食材を入れ、同量のしょうゆとみりんを加えて揉み込み、袋をしばって冷蔵庫、もしくは冷凍庫へ。冷凍の場合、使う日の前夜に冷蔵庫へ移動して解凍し、フライパンに油を熱し、焼いて火を通します。

ショウガやにんにく、また玉ねぎやねぎなどの薬味となる食材を一緒に漬け込めば別の味わいを楽しむことができます。いろいろ試してみてくださいね。

メインの先回りセット2

白ごはんがどんどんすすみます

味噌 ＋ みりん

→ 豚肉・鶏肉・魚などなんでも

味噌漬けの肉や魚は、市販品を買わなくても家で作れるのです。
ごはんがすすむしっかり味で、
ゆで野菜や千切りキャベツなどと合わせても◎。
こちらも、食べやすい大きさに切って漬ければ平日、楽できます。

ポリ袋等にメインの食材を入れ、味噌1：みりん1.5を加えて揉み込み、袋をしばって冷蔵庫、もしくは冷凍庫へ。冷凍の場合、使う日の前夜に冷蔵庫へ移動して解凍し、フライパンに油を熱し、焼いて火を通します。こげやすいので注意。

こってり味噌味なので、ゆでキャベツやゆでもやしなどの淡白な野菜と和えるとカサ増しになり、たくさん食べられます。

たくさん作った塩麹の活用法としても！

塩麹漬け

→ 鶏肉がおすすめ

塩麹を作ると、たくさんできて持て余してしまいがちではないですか？
味つけだけの使用ではそこまで消費しないので、
肉や魚を漬けるのがおすすめです。うまみが増し、
肉質もやわらかく食べやすくなります。

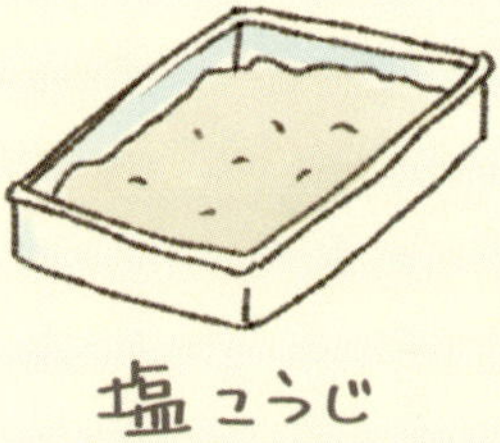

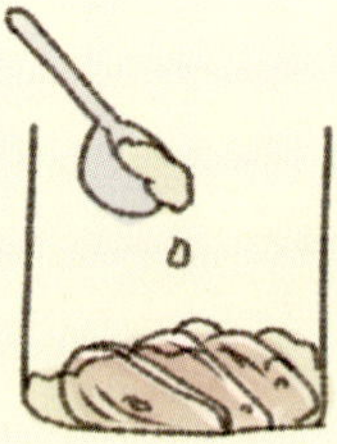

ポリ袋等にメインの食材を入れ、塩麹を大さじ１加えて揉み込み、袋をしばって冷蔵庫、もしくは冷凍庫へ。解凍は前夜のうちに冷蔵庫へ。焼くときは、塩麹を軽くぬぐいます。

塩麹×ごま油、ねぎ、にんにくは相性抜群。ゆで卵を塩麹漬けにしてもおいしいです。

メインの先回りセット **4**

やさしい甘みで子どもに人気です

みりん漬け

→ 魚がおすすめ

みりんを生かした先回りセットは、
シンプルながら、ふつうの塩焼きにはない「やさしい甘み」が特徴です。
我が家では、サバやサケなどの魚を漬けることが多いですね。

ポリ袋等にメインの食材を入れ、みりん２：しょうゆ１を加えて揉み込み、袋をしばって冷蔵庫（1日漬け込むと味がよくしみておいしいです）、もしくは冷凍庫へ。冷凍の場合、使う日の前夜に冷蔵庫へ移動して解凍し、魚焼きグリルに入れて焼きます。

魚料理はグリルで焼くだけなので、最高の時短料理。フライパンも使わず、後片づけも楽ちん。

メインの先回りセット5

倍量切って保存、がポイントです

キーマカレーの素

週末などにキーマカレーを作るとき、
玉ねぎ、にんじんを倍量切って、ひき肉と合わせれば、
キーマカレーの素が完成です。
カレーが完成した状態でも冷凍でき、金曜日の疲れたときはチンするだけ。

玉ねぎ1/2個とにんじん1/2本のみじん切り、豚ひき肉100gをポリ袋に入れ、袋をしばって冷蔵庫、もしくは冷凍庫へ。調理する際、冷凍の場合は解凍し、フライパンで強火で炒めて肉に火が通ったら中火にして水150mlとトマトピューレ大さじ2を加え、5分煮ます。その後、くだいたカレールー大さじ2～3を加えて混ぜ、最後に水溶き片栗粉でとろみをつけます。（我が家は倍量作って半分を冷凍しています）

フライパンで炒めるときに、味つけをトマトピューレとケチャップ、ウスターソース、砂糖に変えるだけでミートソースに変身しますよ。

メインの先回りセット6

片栗粉をはたいて揚げ焼きするだけ!

からあげの素

からあげは、家族みんなの大好物ですが
平日にイチから作って油で揚げて…となると、やっぱりめんどう。
なので、片栗粉をはたく一歩手前まで済ませて、揚げるときも、
多めの油で「揚げ焼き」すれば簡単です。

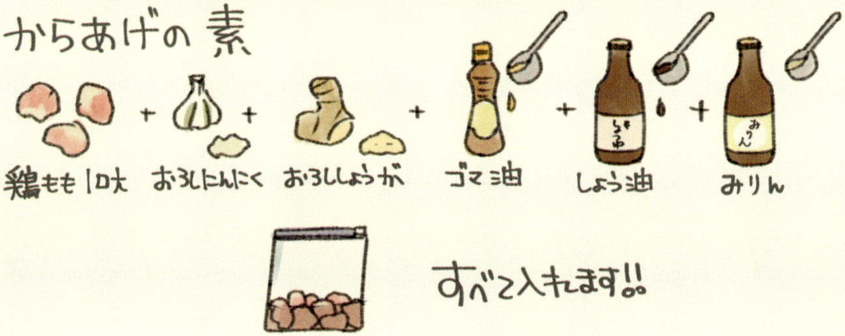

ポリ袋等に、鶏もも肉2枚分、おろしにんにく1片、おろしショウガ1片、ごま油 大さじ1、しょうゆ大さじ5、みりん大さじ2をすべて入れて揉み込み、袋をしばって冷蔵庫か冷凍庫へ。冷蔵の場合は1時間以上ねかせます。私はたいてい冷凍します。冷凍の場合、使う日の前の晩に冷蔵庫へ移動して解凍してから片栗粉をはたき、多めの油を熱したフライパンで揚げ焼きします。

レモンやゆずをしぼったり、大根おろし+ポン酢で食べるのがおすすめです。

やるコツ③

家族4人週1万やりくりする見切り品のワザ

●見切り品コーナーは必ずのぞくべし！
●牛すじ、魚のアラ…使いにくい食材もひと手間で変身
●自分で作るサケフレークを常備すると平日幸せ

買い物での私の楽しみ、それがお手頃食材コーナーです。そこにあるのは、牛すじ肉や、魚のアラなど。一見使いにくそうで敬遠しがちですが、少し手を加えると財布もお腹も満足できる、とびきりおいしい料理に。

例えば、牛すじや鶏の手羽元は煮込んでスープに。白身魚のアラは、大きい骨を取り除いてから小麦粉をはたいて揚げ、サラダのトッピングに。マグロのアラは塩とオリーブオイルでじっくり火を通せばツナに変身。ブリカマは塩焼きで最高においしいメイン料理に。この食材はどう工夫したらおいしくなるだろうと考えるだけでワクワクする。時間に余裕のある週末ならではのお楽しみです。

ここで1つ、お手頃食材活用メニューをご紹介。1パック100円以下で手に入る、サケのアラで作った自家製サケフレーク。サケフレークって自分で作れるんですよ。自分好みの味つけができるのがうれしいですね。

材料　鮭のアラーパック、しょうゆ大さじ2、みりん大さじ2、砂糖大さじ2、白ごま適量

①サケのアラをグリルで焼く
②サケが焼きあがったら、手で身をほぐして鍋に入れ、しょうゆ、みりん、砂糖を入れて煮詰める。
③白ごまをお好みの量、合わせて完成。1パックで約1瓶分作れます。ごはんのおともに、お弁当のおにぎりの具に活躍。家族も大好きで、食べ飽きることなく、あっという間になくなってしまいますよ。

サクサクアイデア

火を通して変化させて平日の常備菜にストック

見切り品コーナーを素通りするのは、もったいない！
宝の山ですよ〜。

やるコツ④

「ついで切り」で自家製カット野菜をストックする

●お味噌汁用の野菜セットを常備すれば平日楽ちん
●言わば、カット野菜を自分で作るようなイメージです
●とはいえ、わざわざ作らず調理中に「ついで切り」！

特に週の後半の息切れしてくる木曜日あたりに、「事前に用意しておいてよかった〜！」と思うのが、前述の主菜の先回りセット、そして野菜＋きのこ、もしくは油揚げや厚揚げなどのだしの出る食材を組み合わせて冷凍しておいた「お味噌汁セット」です。これがあれば、だしパックと水を入れて沸騰させた鍋にセットをバサッと入れて、余裕があれば豆腐を切って加えたり、乾燥わかめをパラっと入れるだけで具の準備はＯＫ。火を通してお味噌をとけば、もうお味噌汁の完成です。忙しい日、疲れた日なんかは、1種類でも切る野菜の量を減らしたいですもんね。

また、この「お味噌汁セット」のうれしいところは、ただただ食材を組み合わせて冷凍しただけなので、お味噌汁以外にもいろんな調理に使えるところ。うどんやラーメンの具はもちろん、主菜の具材として煮物や炒め物に加えることも。冷凍された具材はひとかたまりになっているわけではないので、セットの中身を全部使わなくても、必要な分だけザッとつかんで入れればいい。本当に万能なのです。

ちなみに、この「お味噌汁セット」は、メインの先回りセットと違って、わざわざ仕込むことはあまりありません。週末や、気持ちに余裕のある平日のお味噌汁作りのタイミングで野菜やきのこなどを使用する2倍、3倍の量を切ってしまって使わない分は冷凍を。ここがチャンスなのです。ぜひ、意識して試してみてくださいね。

サクサクアイデア

ついで切りのチャンスを見逃さない！

わざわざカット野菜ストックを作るのは
めんどうですからね。

お味噌汁の野菜セット 1

我が家の定番は、歯ごたえある根菜で

にんじん ＋ ごぼう ＋ 油揚げ

歯ごたえのある根菜２種類と、
だしの出る油揚げを組み合わせたお味噌汁セット。
特に、ごぼうがおいしくなる秋〜冬の季節によく登場します。
拍子木切りにしておけばアレンジもしやすいですよ。

我が家の定番アレンジ

きんぴら

フライパンにごま油を熱して、しょうゆとみりんで炒めるだけ。油揚げのおかげで食感に変化が出ますし、食べごたえもアップ。最後にごまをふったり、小さな子どもがいなければ、鷹の爪を加えてもいいですね。

その他アレンジいろいろ

けんちん汁　ふつうの味噌汁を作る段取りで、味つけは味噌としょうゆで。具にはもめん豆腐とこんにゃく、ねぎを加えます

明太マヨサラダ　セットを軽くゆでて、たらこ、マヨネーズ、しょうゆ、白ごまで味つけ

炊き込みごはんの具　土鍋でごはんを炊くときに水にしょうゆとみりん（我が家は「味の母」）、だしパックを加え、具として入れます

根菜和風パスタ　だしパックと水を加え、一口大の鶏肉と一緒に水気がなくなるまで煮たらしょうゆとゆずこしょうで味をととのえ、パスタにからめます

お味噌汁の野菜セット **2**

安価で栄養豊富なニラを活用

しいたけ ＋ ニラ

栄養価の高い緑黄色野菜のニラは、お安く手に入るのがうれしいですよね。
体を温めてくれる効果もあります。
カサの少なさはしいたけを合わせてカバー。
うまみも出るのでお味噌汁に欠かせません。

我が家の定番アレンジ

溶き卵うどんの具

香りの強いニラは、卵との相性抜群。定番料理の「ニラ玉」を思えば納得です。さらに、きのこがうどんのだしにうまみをプラス。ちなみに我が家は自家製のめんつゆ(26ページ) で。疲れた金曜の夕食によく登場します。

その他アレンジいろいろ

キムチ炒めの具　最初にごま油で豚肉を炒め塩こしょうしてキムチを入れて炒め、最後に溶き卵を回しかけて少し火が通ったら完成

冷奴のトッピング　チンして細かめに刻み、ごま油と塩で味をつけてナムルにしてのせるとおいしいです

焼きそばの具　ソーセージや豚コマなどの肉類と冷蔵庫の残り野菜をいっしょに入れても

スープ　刻んだザーサイと豆腐を合わせて。中華風が合います

お味噌汁の野菜セット 3

カサが少ないからこそチョイ足しに活躍

小ねぎ ＋ えのき

カサが少ないからこそ、ちょっと具が足りないときのチョイ足しに便利。
それは、他の料理に使うときも同じです。
見た目は少し頼りないえのきは、実は栄養豊富。
ミネラルはしいたけ以上だそう。

我が家の定番アレンジ

中華風スープ

だし代わりのザーサイを加えて、中華風スープに。カサを増したい場合は、白菜やキャベツなどの具を足してくださいね。春雨も合います。スープは、塩やしょうゆでお好みの味に調整してください。

その他アレンジいろいろ

中華風オムレツ　ダシダ（牛肉だしの粉末調味料）で味つけしてオムレツの具に。余裕があれば、あんかけと合わせて天津飯もおすすめ

麻婆豆腐　豆腐、ひき肉、ショウガと炒めて味噌で味つけます。食べるとき大人だけラー油をかけても

うどんやラーメンの具　言うなれば「名脇役」といった感じで、少々ボリュームが足りないので、ゆで鶏などを加えるといいですよ

なめたけ　細かく刻んでめんつゆと甘酢で煮詰めたら完成。レシピは117ページへ

お味噌汁の野菜セット4

我が家の定番は、歯ごたえある根菜で

大根 ＋ にんじん ＋ 厚揚げ

大根のおいしい冬の季節は１本まるごとで購入するので、
この野菜セットをよく作ります。
大根とにんじんは拍子木切りに、厚揚げも一口サイズに切れば食べごたえ十分！
根菜も厚揚げもだしになります。

我が家の定番アレンジ

根菜と鶏肉のさっと煮

大根とにんじんを薄めの拍子木切りにしておけば、すぐ煮えるし、やわらかいので子どもでも食べやすい。炒めて甘みを引き出してから、だしを加えて煮ます。厚揚げを鶏肉にチェンジしたレシピを87ページに掲載しています。

その他アレンジいろいろ

手羽元味噌煮　手羽元と野菜セットをだしパック＆水で煮て、砂糖と味噌で濃いめに味つけします

サバ煮　小麦粉をまぶしたサバを炒めて火が通ったら、上記の「根菜炒め煮」と合わせてしょうゆで味をととのえます。ボリュームたっぷり

豚汁の具　ごま油で豚コマを炒め、火が通ったらセットを入れてさらに炒めます。大根がキツネ色になったらだし汁を入れて、しょうゆ、味噌で味を整えます。じゃがいもや玉ねぎを加えて甘みUP

お味噌汁の野菜セット 5

冷凍キャベツは味がよくしみます

キャベツ ＋ にんじん ＋ しいたけ

キャベツとにんじんは、年中安定して手に入る食材で
カサも出るのがうれしいポイント。
食べごたえのある油揚げと合わせれば、味噌汁はもちろん、
野菜の甘みとしいたけのうまみで
さまざまな料理の具として活用の幅はグンと広がります。

我が家の定番アレンジ

回鍋肉

豚肉を加えて、味噌とオイスターソースで味つけして炒め合わせるだけ。ものの数分で、忙しい平日の夕食のメインのできあがりです。ごはんもすすみます。冷凍庫にあると本当に便利な野菜セットですね。

その他アレンジいろいろ

野菜炒め全般　定番の味噌炒め以外にも、どんな野菜炒めの味つけにもぴったりの頼れる野菜セットです

ラーメンの具　キャベツは、うどんよりもラーメンの方が相性いいですね。ひき肉と野菜炒めにしてラーメンの上にのせるのがおすすめ

お鍋の具　もつとキャベツは相性抜群。一度冷凍したキャベツは味のしみこみが良いので、お鍋にも向いています

ポトフの具　玉ねぎとベーコンと合わせてコンソメを入れてグツグツ。じゃがいもを入れると食べごたえアップ

お味噌汁の野菜セット6

主役にもチョイ足しにも使える万能さ

長ねぎ＋しめじ

長ねぎは、お味噌汁の具に入れると
甘くトロリとした食感になって本当においしいですね。
しめじが入るので、うまみがさらに増します。
寒い日、風邪の引きかけの日は特にたっぷりと！

我が家の定番アレンジ

ラーメンの具

だしパックを使ってラーメンのスープを作り、乾燥わかめ、サバの水煮缶などと合わせて食べごたえあるラーメンの具にします。スープの味つけは、塩や味噌、しょうゆなど、その日の気分で選びます。

その他アレンジいろいろ

うどんの具　もちろんうどんとも相性抜群です。溶き卵と合わせるのが我が家の定番ですね。自家製めんつゆであっという間に完成

和風ペペロンチーノ　オリーブオイルでにんにくと鷹の爪を炒め、しらすと野菜セット、ゆでたパスタを炒め合わせて、塩こしょうで味をととのえます

チャーハンの具　ハムと卵を加えて。味つけは万能しょうゆ（P28）のみでも十分おいしくできます

ミルクスープの具　味噌、牛乳、コンソメで和風のミルクスープができます。炒めた玉ねぎを入れるとさらにおいしくなります

やるコツ⑤

ゆでるだけ 切るだけ 洗うだけ、済ます

- ゆでるだけ、切るだけ、洗うだけも立派な「常備菜」
- ただ洗ってあるだけで、使うハードルがぐんと下がる
- 最終的にどう食べるかは、その日の気分で決められる

週末に買い物から帰ってきたら、買ってきた野菜を袋から出してざっと並べ、「さて、今週はこの子をどうしてあげよう」とひと思案。そして、手に取った端からどんどん、下ごしらえをはじめます。その際は、思いつくままに手を動かし、あまり考え込むことはありません。

みなさんは、常備菜というと、きっときんぴらごぼうや、ひじき煮、かぼちゃの甘煮などすぐ食べられる、名のついたメニューを思い浮かべられるかもしれませんね。でも、我が家ではそういった常備菜はおおよそ半分くらい。それ以外は、ゆでただけのほうれんそう、刻んだだけのねぎや、一口大にカットした明太子、洗っただけのミニトマトなど。これらもうちでは「常備菜」と呼んでいます。本当にちょっとした下ごしらえですが、やるとやらないとでは平日の夕食作りに、大きな違いがあると実感しています。

この、週末の常備菜作りにしても、前述の主菜の先回りセットにしてもそうですが、大事なことは買い物直後の食材に思い入れが大きいテンションを狙って、なんらかの手を加えてステップアップさせてあげてから保存することなんだろうと思います。だって、買ってきたままのパックに入った状態で冷蔵庫に入れてしまうと、時間が経つにつれてどんどん調理が億劫になってしまいますもんね。

この子たちを
どうしてあげようか
♪
ミニトマトは
洗って冷蔵庫！
白菜は
塩こんぶ、と
和えて
おこう
ごぼうは、3本セットを
一気に下ごしらえ！
皮をそぎ落として酢水につける！
そこから、みそ漬けにしたり 揚げたり♪
大根は 新聞紙に包んで冷蔵庫！
1/4は大根おろし、1/4は千切り、1/2はそのままで
切干大根を作っても！
長ねぎは、小口切りや
みじん切りにしておきます！
みそ汁や マーボー豆腐に！

サクサク
アイデア

何かに変化、割り振っておくと料理のモチベーションUP

完成品ばかりだと、週の後半、
家族も私も飽きちゃうんです…。

これも常備菜①

ゆでるだけ常備菜

ゆでればすぐにでも食べられる、
これらの野菜は、週末のうちにゆでて保存しておきます。
そのままはもちろん、その他の調理法にも活用できます。

ブロッコリー

ブロッコリーを買ってきたら、小房に分けて一気にゆで、保存容器に入れて冷蔵庫に。最初はそのままマヨネーズなどで食べて、その後は炒め物などの具に、週の半ばを過ぎても残っていたら、冷凍庫に入れてシチューなどを作るときに具として使ったりします。

炒め物にさっと加える

夕食の炒め物を作っているときに、ちょっとボリュームが足りないな、緑がもう少しほしいな、と思ったときにプラスします。火が通っているので、後から加えても大丈夫。

凍ったものを保冷剤に

冷凍庫に保存した凍ったブロッコリーは、暑い時期のお弁当に入れれば保冷剤代わりになります。食べる頃には溶けているので、ゆで野菜として食べられます。

ほうれんそう

ほうれんそうは、丸ごとゆでてから、食べやすい大きさに切って保存します。ブロッコリー同様、最初はそのままでだししょうゆ（29ページ）などをつけて食べ、その後は味噌汁や炒め物などの具に。それでも余れば冷凍して。こちらも保冷剤代わりになりますよ。

お味噌汁に添えます

すでにゆでてあるほうれん草をお味噌汁に使う場合は、最後に温めるぐらいで大丈夫。色も鮮やかなまま食卓に出すことができます。

スナップエンドウ

春になると並び出す、色鮮やかなスナップエンドウ。我が家ではみんな大好きです。こちらも、ゆでてから保存容器に入れて冷蔵庫へ。そのまま食べるのがやっぱりおいしいので、週のはじめに食べ切ってしまうことが多いですね。

マヨネーズをつけて

週末に手作りのマヨネーズ（29ページ）を作るときには、ぜひスナップエンドウも買い物カゴへ。週のはじめにいっしょに食卓に並べて、おいしく食べ切りましょう。

＼ これも常備菜② ／

炒めるだけ常備菜

野菜プラスなにか１品の組み合わせで炒めるだけ。
我が家の定番３種類をご紹介します。

にんじん＋たらこ

千切りしたにんじんとたらことごま油で炒める、だししょうゆを少々。長女はあまりにんじんが好きではないのですが、このおかずなら食べてくれます。お弁当のすきまにもぴったり。

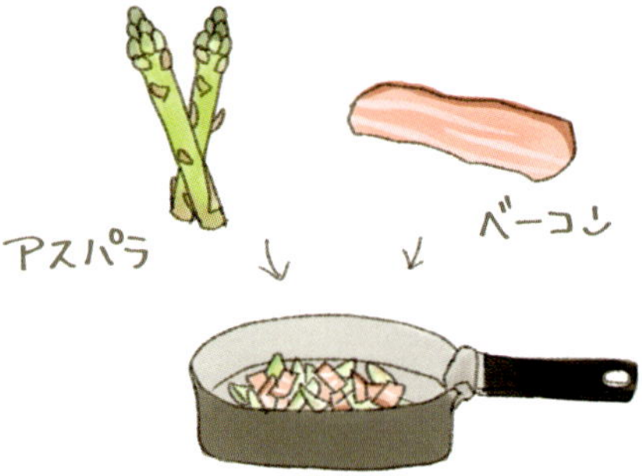

アスパラ＋ベーコン

アスパラの根元の皮をむき、食べやすい大きさに切って、細切りのベーコンと炒めるだけ。塩こしょうで味をととのえます。アスパラの旬の時期には、何度も作るおかずです。

小松菜＋にんにく

食べやすい大きさに切った小松菜を、薄切りのにんにくと塩で炒めただけ。ほうれんそうはまとめてゆでておくことが多いですが、小松菜はこちらの使い方が定番ですね。

これも常備菜③

切るだけ、洗うだけ常備菜

我が家では、ただ「切っただけ」、「洗うだけ」でも常備菜です。
平日の工程を１つでも減らせる、これが本当に助けになるのです。

ねぎを刻むだけ

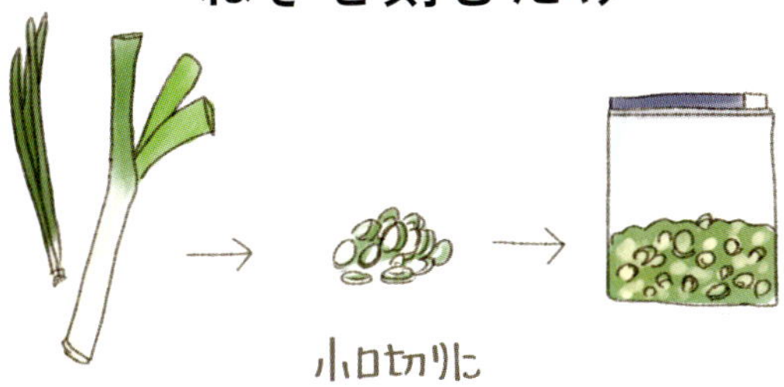

平日にねぎを刻むのはめんどう。そう思う人が多いのは、スーパーに刻みねぎが並んでいるのを見てもわかりますよね。まとめて保存することもあれば、野菜のお味噌汁セットに入れることも。

ミニトマトを洗うだけ

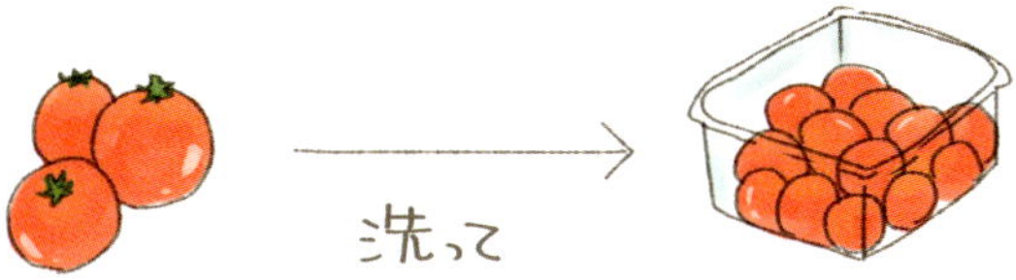

本当に、ただ洗うだけなのですが、そのまま朝ごはんのプレートにのせられたり、保存容器を夕食の食卓に置けたり、本当に便利なのです。ぜひ試してみてください。

大葉を洗うだけ

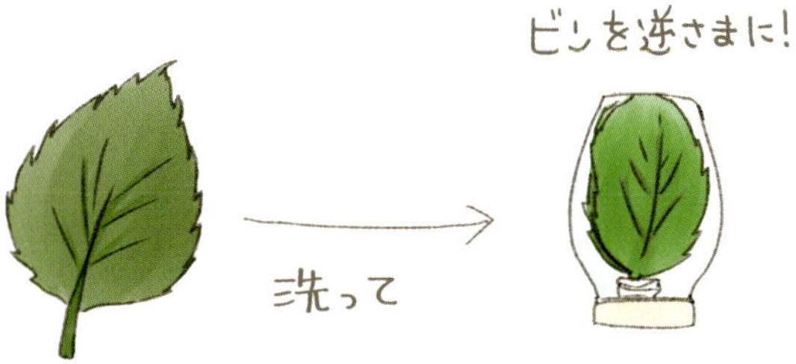

大葉を使うたびに使う枚数だけ洗うのはめんどう。さらに、すべて洗ってから茎の部分にぬらしたキッチンペーパーを巻いておくと、ぐんと持ちがよくなります。

やるコツ⑥

土曜日は使い切りの日循環させる！

●冷凍庫のストックは気前よく「使い切る」主義
●毎週土曜日は、冷凍庫のストック使い切りデイ
●循環させれば、味の劣化した食材に涙することもなし

冷凍庫に保存する肉や魚の主菜の「先回りセット」や、野菜の「お味噌汁セット」は、どんどん使い切って、週末のたびに新しいものをセットする、と決めています。

確かに、「今週はちょっと余裕があるな〜」というときには、来週は忙しくなるかもと、それに備えて先回りセットもお味噌汁セットも念のため使わず冷凍庫に置いておこう、なんて思いがよぎることもあります。

でも、食材は冷凍庫のなかで日々確実に劣化していきます。だから、2〜3週目に入ったお肉を今日こそ！と使ってみたらおいしくなくなっていることも。疲れている平日に、ごはんがイマイチではがっくりです。

だから、我が家では週末の土曜日が、冷凍食材使い切りの日。

もともと土曜日は週末の先回り家事を一切やらず、また昼間は家族みんなで電車に乗って外出してランチも奮発するので、夕食はできるだけ簡単に、質素に。そんな事情にも冷凍食材はぴったりです。ちなみに、冷凍した主菜の「先回りセット」を使うときには、前の晩かその日の朝に冷蔵庫に移動して解凍しておくと、すぐに調理を開始できますよ。

こんな風に、使い切りを最優先にルール化するようになったのも、冷凍した食材を忘れてしまって使いこなせず残念な思いをした過去があったからこそ。とか言いながら、今でもたまに失敗してしまいますが（笑）。

サクサクアイデア

1週間に1度、冷凍庫から全部出す！

霜の付きまくった食材は永遠に使わないよ…。

やるコツ⑦

平日は掃除なし 週末にまとめる

- 「掃除は週末」と決めてしまえば平日に迷わない
- メイン洗剤は多用途の1種類。これで事足ります
- 掃除の動線も最短距離のルートを決めています

1章でお伝えした通り、私は、平日には子どもの食べこぼしなど特別に汚れることがない限り、まず掃除はしない、と決めています。その分、週末にはキッチンもリビングもトイレも玄関も、一気にまとめて掃除をします。ですが、特別に時間がかかるわけでもなく1時間もすれば家中ピカピカになります。

時間をかけずに掃除できるのは、やはり「掃除道具も洗剤も最小限」だからかもしれません。我が家では洗剤をあれこれそろえず、「パックスナチュロン洗濯用液体石けん」1本だけ。ちなみに、食器洗い洗剤もボディソープもこちらです。

あとは、掃除機以外の掃除道具を「使いきり」と決めているのも大きいのではと思います。スポンジは、1週間食器洗いで活躍したものを掃除用に下ろして、最後トイレを磨いたらゴミ箱にポイ。ぞうきんも、使い古しのバスタオルを切ったウエスなので、最後に玄関のたたきとトイレを磨いたら、こちらもポイ。だから、そうじ道具を収納しておく必要もなく、トイレブラシなど各場所用のそうじ道具を備えておく必要もなく、毎週使い切りのフローにのって、常に循環しているのです。

使う道具も洗剤も最小限、掃除の動線も最短距離になるよう効率を意識して決めているので、流れにそって毎週同じように掃除すればいい。次ページを参考に、ぜひ、みなさんもフローを見直してみてくださいね。

サクサクアイデア

洗剤をまとめると一斉に掃除ができる

「○○専用洗剤」がないので時短に！
スポンジもその都度洗う必要ないし。

掃除は動線のムダをなくしました

一度持った道具は持ち替えず、動線を決めて家の中を一巡。
最後は使い切って捨ててすっきり。

1 まずは 掃除機

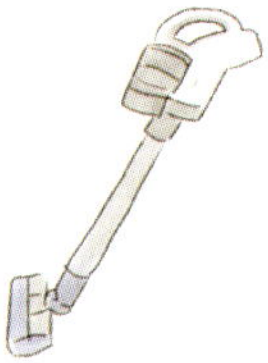

我が家の掃除機は東芝のVC-CL1200。白のボディとコードレスタイプにこだわりました。

2 次は スポンジ

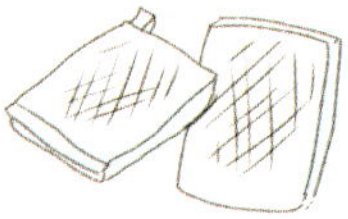

1週間たっぷり使った台所用スポンジは、最後、掃除で活躍してもらって使い切りです。

3 最後に ウエス

掃除用のウエスは、使い古したバスタオルを切った大判タイプ。ぞうきんにぴったり。

キッチン

掃除機はキッチンの床まわりからスタート。充電式のコードレス掃除機を選んでいるので、コンセントを付け替える手間がいらず、動線のムダも省けます。

まずは、洗剤（我が家はパックスナチュロン洗濯用液体石けん）を泡立てたスポンジで、コンロまわりやシンク、そして最後に排水口まですっきり磨きます。

まずは乾いた状態のウエスで、キッチンまわりに飛んだ水滴を拭き上げます。その後、水で濡らして絞り、キッチンの床から床拭きをスタートさせます。

リビング

キッチンの床をかけ終わったら、そのままリビング、廊下、寝室も一気にかけてしまいます。家具が最小限なので、移動する手間もなくスイスイかけられます。

床拭きをしながらリビング、廊下、寝室、玄関へと移動。ウエスは拭く面を替えつつ、ときどき水で洗います。掃除機も吸い込み口を中心にこの段階で拭き上げます。

トイレ

トイレも１つの部屋！そのまま掃除機をかけます。子どもがトイレを失敗したときなどはその都度対処するので問題ありません。最後に玄関もかけて掃除機終了。

トイレの便器は「大きなお皿」。陶器ですもんね。ポリ袋を手にはめて洗剤を泡立てたスポンジでそのまま磨きます。最後、手にはめていたポリ袋で包んでポイ！

まず便座の上や便器のフタなどを拭き、スポンジを使って水滴が飛び散った床と便器の足を拭いてから、最後に便座の裏や便器の中まで拭き上げてポイ！です。

週末の時間割

週末は家族と過ごす2日間。その合間に先回り家事をはさんで平日に備えます。

土曜日

7:00 起床

干し野菜作りや梅しごとなどを楽しむ自分だけの時間。8時ごろまで寝ている日も。

8:00 週末朝ごはん作り

スペシャルな朝ごはんを作りたい日は金曜日の会社帰りにちょっといいスーパーへ行き、材料を調達することも。

8:30 朝ごはんスタート

私が起こさないと、家族はこの時間ぐらいまで寝ています。

9:00 家族でゆっくり

片づけを後回しにしてコーヒーを飲みながら新聞や雑誌を読んだり、長女の宿題をみたりしながらゆっくり過ごします。

10:30 外出のための身支度を

11時ごろに外出するので30分前ぐらいから家族と私の身支度をはじめます。

11:00 家族みんなでお出かけ

目的にあわせて近場の街へ。ランチに何を食べたいか、で場所が決まることがほとんど。

12:00 家族でお外ランチ

ランチでは、家で作らないものを！ 異国の料理や、お寿司など。楽しく家族会議です。

公園に行ったり、お散歩したり、家族で雑貨屋さんをのぞいたりしながら過ごします。

6 — 7 — 8 — 9 — 10 — 11 — 12 — 13

日曜日

日曜日の朝ごはんは土曜のお散歩中に買ったおいしいパンをシンプルに食べることがこの上ない幸せ。

10:00 片づけスタート

食器を洗ったら、週末のまとめ掃除、スタート。

12:00 近所にお出かけ

正午ごろになったら「おなかすいたね～」と、近所のお店へお昼ごはんを食べに外出します。

ランチの後は近所を散歩したり、本屋さんや図書館に行ったりして週末の午後を満喫します。日用品などの必要なものを買い出したりも。

おいしそうなパン屋さんを見つけたら、すかさず入ります。

16:00

帰宅

土曜日はとにかくノープラン。子どもと遊びながらゆっくり過ごすことが多いです。

17:00

夕食の準備

土曜日は、夕食もがんばりません。たいてい、乾物や冷凍庫に残った食材を使い切る料理をします。

18:00

夕食

お風呂のタイミングも決めていないので、週末は夕食後に入ることもたびたびです。

21:30

就寝

子どもたちはお昼寝をしないので、夜は寝かしつけなくてもすぐ爆睡。さあ、わたしの時間。夫とおしゃべりしたり、大好きな読書をしたりして少し夜更かしすることも。

22 — 21 — 20 — 19 — 18 — 17 — 16 — 15 — 14

14:00

週末のまとめ買い物

そのままスーパーへ。「これおいしそうだね」と家族で話しながら巡る時間は楽しい。

15:00

帰宅

まずは買ってきた食材を置いて、子どもたちと少々くつろぎます。

合間に、洗剤を詰め替え容器に補充したり、朝食用の木のプレートをメンテナンスしたりと数分でできるこまごま家事をはさみます。

17:00

常備菜作り&夕食作り開始

食材を見ながら、思いつくままにどんどん常備菜作り。夕食作りも並行して。

18:30

夕食

スーパーで「今晩はこれが食べたいね!」と食材を求めて作るので、テンションMax!

お風呂の集中掃除は、夫の担当です。そのタイミングで洗濯をして、洗濯干しまで済ませます。

20:30

子どもの翌日の準備を確認

長女の学校の準備を手伝ったり、家庭学習の時間にしたり。次女の保育園の準備もこの時間。

21:30

就寝

明日からに備え、子どもはこの時間に就寝。私もたいていいっしょに寝ちゃいます。

第3章

平日の夕食メイン&
週末の常備菜
すぐやる！レシピ

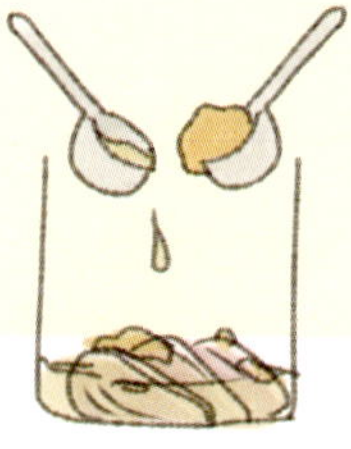

ものぐさで家事が苦手な私ですが、
食べることは大好き！
ですから簡単でおいしい
「すぐやる！」レシピへのこだわりは
並々ならぬもの。

ここでご紹介するのは、
平日の夜、すぐに作れるメインおかずや
週末にまとめて作る常備菜など。

明日の夜から、次の週末から、
すぐにでも参考にしていただける
我が家で登板の多い本当の定番だけを集めました。

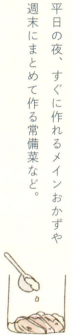

このレシピで使用している調味料

我が家で使っている、お気に入りの商品をご紹介。良質な調味料を使うと、料理の味が決まります。

味の母

みりんのうまみと酒の風味を持つこの発酵調味料をみりんとして愛用。コストもスペースも節約。お持ちでない方はレシピ内みりんの半量を酒にしてください。（味の一醸造）

井上古式じょうゆ

国産丸大豆、国産小麦、食塩のみで作られた天然醸造のしょうゆ。香り高く、滋味深い味わいでずっとリピートしています。（井上醤油店）

てんさい糖

我が家では白砂糖ではなく、やさしい甘みで天然のミネラルも含まれたてんさい糖を愛用。甘みと一緒にオリゴ糖もとれるのはうれしい。（ホクレン）

千鳥酢

酢が苦手だった私が、これに出会って大好きに。酢に特有のツンとした香りがなく、まろやかな味わいで料理に使いやすいです。（村山造酢）

純正なたねサラダ油

我が家がメインで使用する油はこちら。容器が紙パックなので、もえるゴミとして出せるのがうれしいポイントです。（ムソー）

カマルグ セル・ファン

フランスの塩の産地カマルグの塩を愛用中。良い塩は、料理の味を引き立てますね。細かく砕いてあるので、とても使いやすい。（アルカン）

かつをふりだし

だしパックはいろいろ試した末に、こちらに決定。お味噌汁のだしはもちろん、中身を取り出して煮物やふりかけに使っても。（カドヤ）

太香胡麻油

香りの良いごま油も、我が家での登場回数多し。昔ながらの圧搾製法がこだわりで、ごま本来のうまみが生きています。（竹本油脂）

とある週の我が家の夕食メニュー

例えばこんな１週間。
平日の基本は、土鍋ごはん＋お味噌汁＋メイン１品と常備菜。
もしも余裕があれば、サラダをササッと作ることもあります。

日曜日

週に１度のお楽しみ
スーパーマーケットで買い物の日！

メイン：奮発して各自が好きなお刺身（ホタテ、その他の貝、イクラ、アジ、マグロなど）
ゆで野菜を数種類・土鍋ごはん・けんちん汁

月曜日

昨日仕込んでおいた
ピーマンの肉詰めを焼くだけです

メイン：ピーマン肉詰め（多めに焼いて冷凍しお弁当のおかずに）。子どもはピーマンなし、
ハンバーグ風ケチャップがけ　生野菜サラダ・土鍋ごはん・昨日の残りけんちん汁

火曜日

激安ブリカマが手に入ったので
塩を振って冷蔵保存しておいたのです

メイン：ブリカマの塩焼き・ほうれんそう（日曜にゆでて保存）のおかかポン酢かけ
レタスに常備菜の蒸し鶏（塩にんにく味）をのっけました
土鍋ごはん・お味噌汁（しいたけ・ねぎ・油揚げ）

水曜日

今日の仕事はハードだった…そろそろ冷蔵庫の
肉の味噌漬けがおいしくなっているはず

メイン：豚厚切りステーキ風味噌のソテー（週末に仕込んだ先回りセット→ P49）
千切りキャベツ・プチトマト・常備菜のポテトサラダ
土鍋ごはん・お味噌汁（お麩・小松菜）

木曜日

今日は冷凍庫の肉の先回りセット頼み。
平日は残り１日！

メイン：肉とねぎの塩麹炒め（P50の塩麹漬けセット）、きゅうりの塩麹和え
土鍋ごはん・お味噌汁（じゃがいも・わかめ）

金曜日

平日走りきった～
今日は焼きそばで手抜きさせてね

メイン：ちょっと残っていた豚コマと冷凍庫の野菜セットを使って五目焼きそば
お味噌汁（玉ねぎ・溶き卵）

土曜日

今日は、冷凍庫一掃メニュー！
イカ味噌鍋にしよう

メイン：イカ味噌鍋（材料は冷凍スルメイカ、冷凍キャベツ、冷凍ニラ、冷凍えのき。
味つけはイカのワタと味噌、しょうゆ、砂糖、みりんをだしに溶いて）
わかめと豆腐のすりおろしショウガポン酢がけ・土鍋ごはん

フライパン１つで夕食メイン

わたしが夕食で作る主菜は１品のみ、
そしてフライパン１つで完結するメニューのみ、
と決めています。
そのなかでも子どもたちに人気の７品をご紹介しますね。

ルール
【rule】

平日の主菜は１品のみと決める

—

基本は「フライパンで炒めるだけ」、
１アクションで完結する簡単メニュー

—

使う野菜は、その時期の旬にこだわる。
簡単調理だからこそ、
旬のおいしさを存分に楽しめます

—

週の後半は、肉の先回りセットも、どんどん活用
（48ページ参照）野菜と組み合わせてボリュームアップ

牛肉野菜炒め

玉ねぎと人参は
年中手に入るので
覚えておくと便利

材料

牛コマ肉　200g
玉ねぎ　1/2 個
にんじん　1/3 本
小ねぎ　適量
てんさい糖　大さじ 1
しょうゆ　大さじ 2
なたね油　大さじ 1
●味の母（酒でも可）　大さじ 1
●塩こしょう　少々
●片栗粉　小さじ 1/2

1 ビニール袋に牛コマ肉と●の調味料を入れ、もみこんで下味をつける（事前にこの状態で冷凍しておき、自然解凍させても良い）。

2 フライパンに油をひき、牛肉の色が変わるまで中火で炒めたら、玉ねぎ、にんじんを加えて炒め、フタをして弱火にし、約 2 分間蒸し焼きに。

3 2 にてんさい糖、しょうゆの順に調味料を入れ、なじませたら再びフタをして火を止める。2 分後、お皿に盛りつけ小ねぎを添える。

※材料は大人 2 人、幼児 2 人分です。以下 91 ページまで同様です。

牛肉は高いけど、コマ肉なら手が届きやすい。豚肉でも代用できますが、牛肉を使うとリッチな味に。下味の際に片栗粉を加えると、調味料となじんだ時にとろみが出て食べやすいです。

ニラ玉 しょうゆマヨネーズ添え

我が家のニラ玉は
小麦粉も加えて
チヂミ風に

材料
ニラ　1束
卵　2個
小麦粉　大さじ2
水　50ml
なたね油　適量

＜別皿つけダレ＞
しょうゆ　適量
マヨネーズ　適量

1 ニラを食べやすい大きさに切る。
2 卵をボールに割り入れて軽く溶き、小麦粉と水を加えてさらに混ぜニラと合わせる。
3 油を引いたフライパンに2を流し入れ、片面に火が通ったら裏返してフタをして蒸し焼きに。裏面も焼き色がついたらできあがり。しょうゆとマヨネーズを合わせて添える。

私のニラ玉は卵炒めではなくチヂミのように焼くのが定番。母がよく作ってくれた、これぞ時短料理です。卵液をフライパンに流したあと、火が通るまで放っておけるのがうれしいポイント。つけダレのおかげで子どもたちもパクパク食べます。ニラを春菊に変えても◎。

根菜と鶏肉のさっと煮

さっと煮るだけで
冬野菜の甘みを
より味わえる一皿に

材料
大根　1/4 本
にんじん　1/2 本
鶏もも肉　1 枚 200g
水　150ml
だしパック　1 袋
●めんつゆ・・大さじ 2（P26）
●てんさい糖・・・大さじ 1
なたね油　適量

1 フライパンに油をひき、鶏肉を炒める。表面が白くなったら食べやすい大きさに切った大根とにんじんを入れ、さらに炒める。
2 大根の表面に少し焼き色が付いてきたら、水とだしパックを入れフタをする。
3 沸騰したら、●の調味料を入れ、野菜がやわらかくなるまで煮れば完成。

冬の大根が甘くておいしい時期には、必ず食卓にのぼります。その時期でなくとも、大根とにんじんは年中手に入るので、覚えておくと便利なおかずです。くたくたに煮れば小さな子どもも食べやすいです。P61 のセットを使っても作れます。

豚味噌ロース

先回りセット活躍！
豚ロースを使うので
食べごたえたっぷり

材料

豚ロース肉　1枚（200g）
キャベツ　2枚
にんじん　1/4本
しいたけ　2枚
にんにく　1片
味噌　大さじ1
みりん　大さじ1と1/2
バター　10g
塩　少々
なたね油　適量

1 豚ロース肉を食べやすい大きさに切り、ポリ袋に入れて味噌とみりんを加え、もみこんで、なじませる（事前にこの状態で冷凍しておき、自然解凍させても良い）。
2 フライパンに油をひき、すりおろしたにんにくを入れて香りが出たら、下味のついた1を中火で炒める（焦げつきやすいので注意）。肉の表面の色が変わったら裏返して両面を焼く。
3 キャベツとにんじん、しいたけ（P62のセットを使うとさらに早い）を入れ、野菜がしんなりするまで炒めてからバターを加えてフタをし、火を止める。
4 2分ほど予熱で火を通したらバターを全体になじませて完成。バターの種類によって味が変わるので、味見をしてうすいと感じたら、塩を加えて味を整えてください。

冷蔵庫や冷凍庫に仕込んでおいた肉の先回りセット、味噌汁セットのダブル活用メニューです！　平日、本当に時間がない時のために、週末に仕込んだセットを利用したお助けメニューがあると、包丁もまな板も使わず洗い物も減って精神的にもラクになれます。

肉味噌なす炒め

ナスが安くなる夏
たびたび
食卓にのぼります

材料
なす　中３本
長ねぎ　1/2 本
豚ひき肉　150g
●味噌　大さじ３
●みりん　大さじ２
●てんさい糖　大さじ１
ごま油　大さじ２

1 なすはくし切り、長ねぎは斜め切りにし、多めの油で炒める。その間に、●の調味料を合わせておく。
2 野菜全体に油が回ってしんなりしたら、フライパンの端に寄せ、空いたスペースにひき肉のかたまりを入れて両面を軽く焼く。
3 ひき肉をヘラなどで崩しながら野菜と混ぜ合わせ、1 を入加え、軽く混ぜ合わせて弱火にし、フタをして１分蒸し煮にしたら完成。

これを丼にするのもおすすめ。真ん中に卵を落として白ゴマをふります。また、長ねぎが高い季節は、ピーマンで代用してもＯＫ！

野菜たっぷり焼きうどん

金曜のお疲れメニュー
野菜たっぷりで
罪悪感なし！

材料
うどん　2玉
豚バラ肉　100g
キャベツ、にんじん
(P62のセットを使っても)
ニラ、しいたけ
(P59のセットを使っても)
めんつゆ　大さじ2（P26）
塩こしょう　少々
ごま油　適量
かつお節　適量

1 耐熱皿にうどんの麺を入れ、ラップをして1分加熱する。
2 野菜を食べやすい大きさに切る（冷蔵庫に残っているもので良い）。
3 油をひいたフライパンに豚肉を入れて塩こしょうで炒め、野菜を追加してさらに炒める。
4 全体に火が通ったら材料を端に寄せ、中央の空いたスペースに1を入れ、具材と絡める。
5 全体が絡んだら、めんつゆを入れてさらに炒めれば完成。食べる直前にかつお節をふりかけて。

冷凍うどんをゆでて使用してもOKです。一皿メニューは洗い物も少なくてうれしいですね。冷やし中華や焼きそばなどの麺料理は具だくさんにすれば、晩御飯はそれ一品だけでも大丈夫です！

肉だんごの和風煮

ポリ袋を活用すれば
忙しい平日も
簡単に肉だんごが

材料

豚ひき肉　200g
玉ねぎ　1/2個
にんじん　1/2本
（P52のドライカレーの素があれば簡単）
キャベツ　2枚
（白菜でも代用可能）
しょうゆ　大さじ2
みりん　大さじ2
水　300 ml
だしパック　1袋
片栗粉　大さじ1

1 玉ねぎ、にんじんをみじん切りにする。
2 ポリ袋に1とひき肉、片栗粉を入れて、よくもむ。
3 フライパンにだしパックと水、しょうゆ、みりんを入れ、中火にかける。
4 ポリ袋の端を斜めに切り、具材を押し出しながらだんご状にし、沸騰した3の中に入れていく。
5 4に、ざく切りにしたキャベツをのせ、フタをして蒸し煮にする。

お持ちのフライパンが浅め方はお鍋でも大丈夫です。平日はハードルが高い肉だんごも先回りの肉セットがあれば、あっという間に完成します。

常備菜は週末にまとめて

平日の夕食で作るおかずを「主菜１品のみ」で済ませられるのは、
週末のうちに常備菜をまとめて作っておくから。
素材を存分に味わえる、簡単メニューをご紹介します。

ルール
【rule】

我が家が週末に作る常備菜は約６品

—

６品のうち、２～３品は「切るだけ」、
「洗うだけ」のものも（69ページ）

—

調理する常備菜も、基本は素材を生かして
「ゆでるだけ」「和えるだけ」「さっと炒めるだけ」
の簡単調理。

—

だからこそ、その時期旬の野菜を選ぶことには
とことんこだわります。

甘辛そぼろにごはんがすすむ

かぼちゃのそぼろ煮

材料

かぼちゃ　1/4 個
鶏ひき肉　100g
しょうゆ　大さじ 1
てんさい糖　大さじ 1
塩　少々
水溶き片栗粉　適量

1 かぼちゃを食べやすい大きさに切る。鍋にかぼちゃがかぶるぐらいの水と調味料を入れて中火にかけ、火が通ったら鶏ひき肉を入れる。
2 沸騰したら火を弱め、汁気がなくなる直前で火を止め、水溶き片栗粉を入れてとろみをつけたら完成。

ザーサイ入りでお酒のつまみにも

たらこキャベツ

材料

キャベツ　1/4 玉
たらこ　小 2 腹
ザーサイ　適量
甘酢　大さじ 1
ごま油　大さじ 1

1 キャベツをざく切りにし、沸騰した鍋に入れて 1 分ゆでる。その間に、ほぐしたたらこ、甘酢、ごま油をボールに入れて混ぜておく。
2 ゆで上がったキャベツの水気を切り、刻んだザーサイとともに和えたら完成。

生の野菜が歯ごたえ抜群

野菜の甘酢めんつゆ漬け

材料

きゅうり　2本
カブ　2個
塩　少々
甘酢　大さじ2
めんつゆ　大さじ1

1 きゅうりは3等分にして、スティック状に切る。
2 カブは皮をむいて、きゅうりと同様の大きさに切る。
3 ポリ袋に1、2と塩を入れ、よくもんでから甘酢・めんつゆを加えて袋をしばる。
4 3を軽くなじませ、冷蔵庫で30分以上漬けこめば完成。

かつおぶしが香るさっぱり味

きゅうりのおかか塩昆布

材料

きゅうり　1本
塩昆布　ひとつまみ
おかか　ひとつまみ

きゅうりを半月切りにし、ボールに入れて塩昆布とおかかと和えれば完成。冷蔵庫で30分ほど寝かせた方が、味がなじんでおいしいです。

箸休めにあるとうれしい存在

カブの煮浸し

材料
カブ　2個
水　200ml
だしパック　1袋
みりん　大さじ1
塩　小さじ1
白ごま　適量

1 鍋に水とだしパックを入れて中火にかける。
2 カブの皮をむいてスティック状に切り、沸騰した鍋の中に入れる。
3 2分ほどしたらだしパックを取り除き、みりんと塩を入れてフタをし、5分煮る。
4 食べる直前に白ごまをふれば完成。カブの葉が付いていたら、茎の部分をともに煮てもおいしいです。

ツナ缶は副菜の救世主！

れんこんのツナマヨサラダ

材料
れんこん　100g
ツナ缶　1個
マヨネーズ　大さじ1
しょうゆ　大さじ1

1 れんこんをうす切りし、沸騰したお湯でゆでる。
2 1に、油を切ったツナとマヨネーズ、しょうゆを混ぜて完成。

切り干し大根は煮物だけじゃない！

切り干し大根の甘酢漬け

材料

切り干し大根　20g
昆布　10cm 角
甘酢　大さじ 1
みりん　大さじ 1
めんつゆ　大さじ 1（P26）

1 切り干し大根を約 5 分間水に浸けて戻しておく。
2 耐熱容器にすべての調味料、はさみで 1cm 幅に切った昆布を入れ、レンジで 30 秒間加熱する。
3 切り干し大根の水を切り、よく絞ってざく切りしてから 2 に入れて混ぜ合わせれば完成。30 分ほどおくと、よく味がしみておいしいです。

しっかり煮ればデザート感覚

さつまいものりんご煮

材料

さつまいも　1 本
りんご　1/2 個
てんさい糖　50g、水　150ml
食用クエン酸（レモン汁でも代用可）
　ひとつまみ

1 さつまいもをよく洗って、皮のまま約 1cm の厚さに切って水にさらす。りんごは、いちょう切りにする。
2 鍋に 1 と水、てんさい糖を入れ、沸騰したらフタをして弱火でさつまいもがやわらかくなるまで煮る。仕上げにクエン酸をひとつまみ入れてなじませる。我が家では、煮汁がほとんどなくなり、カラメル色になるまでしっかり煮詰めて、デザート感覚で楽しむのが好きです。

やさしい味わいの和風ナムル

野菜ナムル

材料

ほうれん草　半束、もやし　１袋
にんじん　1/4 本、にんにく　１片
塩　小さじ 1、しょうゆ　小さじ１
ごま油　大さじ１
白ごま　大さじ１

１ 鍋に水を入れて沸騰させ、すべての野菜を一気にゆでる。ゆで時間は２分。ほうれん草は束のままで、にんじんは細切り、もやしはさっと水洗いしてから。

２ ゆでている間に、ボールに調味料をすべて入れてよく混ぜる。

３ 野菜をざるにあげて水気を切り、ほうれん草は３等分に切り、すべての野菜を ２ に入れて和えれば完成。

水煮より味も栄養価も良いのです

蒸し大豆

材料

乾燥大豆　70g
塩　小さじ１と 1/2

１ 乾燥大豆を一晩（6 ～ 12 時間）、水につけて戻す。

２ １を蒸し器に入れ、中火で１時間程度蒸せばできあがり。食べるときに塩を少し振ると甘みが増します。

＊この手間さえ週末にやっておけば、そのままはもちろん、炒め物やお味噌汁、サラダの具や肉だんごの中身など幅広く活用できます。

朝詰めるだけ弁当

お弁当を朝にイチから作ることはまずありません。主菜は基本的に前の晩のおかずから。もしくは、肉やベーコンと合わせた常備菜で。あとの副菜は常備菜を詰めて完成（ゆでブロッコリーも洗ったミニトマトも常備菜ですから！）。

日の丸弁当

ごはんの真ん中に自分で漬けた梅干しがちょこんと乗っているだけで、なんだかうれしい。この日は主菜のたんぱく質をベーコンとれんこんきんぴらのコマ肉の2つで補い合って。大葉をバランにするとゴミも出ません。

MENU

・ごはん＋梅干し
・れんこんきんぴら
・切り干し大根の甘酢漬け（96ページ）
・ベーコンアスパラ炒め
・ブロッコリー
・ミニトマト

どんぶり弁当

昨晩の牛肉野菜炒めをお弁当用に少しよけておいて、ごはんにのせるだけ。丼弁当は、お昼に弁当箱のフタを開けたときにぐっとテンションが上がります。お米にもいい具合に味がしみておいしい。

MENU

・ごはん
・牛肉野菜炒め（85ページ）
・芋バター（114ページ）
・青のりポテト（114ページ）
・野菜ナムル（97ページ）
・ブロッコリー
・カブの煮浸し（95ページ）

混ぜごはん弁当

常備しているひじき梅煮を、夕食後の土鍋ごはんに混ぜておけば、翌朝、混ぜごはん弁当に。お弁当はいろんな食感があれば食べ飽きません。ザーサイや野菜の甘酢めんつゆがいい役割を。

MENU

・ひじき梅煮の混ぜごはん（116 ページ）
・野菜の甘酢めんつゆ漬け（94 ページ）
・野菜ナムル（97 ページ）
・ゆで卵
・ふかしいも（111 ページ）
・ザーサイ
・ブロッコリー

のり巻き弁当

前の晩が、肉だんごの和風煮だった日は、多めに作っておいた肉だんごをそのままお弁当の主菜に。キャベツは汁が出ちゃいますからね。のりにごま油を薄く塗ってから巻くとおいしいです。

MENU

・のり巻き（P97 の野菜ナムルを巻いて）
・肉だんごの和風煮の
　肉だんごだけ（91 ページ）
・ゆで卵
・野菜の甘酢めんつゆ漬け（94 ページ）
・ブロッコリー
・ミニトマト

四季の週末ごちそうレシピ

週末ごはんは平日とはまったく別の考え方で、
一手間かけてていねいに。
料理を作業とせず、季節を感じて楽しみながら。
そんなごちそうメニューをご紹介します。

ルール
【rule】

旬の食材を生かし、一手間かけて料理を楽しむ。

—

ひなまつりやクリスマスなど季節のイベントは
意識して子どもといっしょに満喫したい。

—

魚をさばくのは夫の得意分野なのでおまかせ!
ときに味噌汁やごはんの用意をおまかせする日も。

—

日曜の夜だけは、
平日よりも少しだけコストをかけてもOKとする。

四季のメニュー

春
のごちそう

ひなまつりが近いので、娘たちのためにちらし寿司を。
あさりとお麩のすまし汁も作って、すっかりイベント気分。

五目ちらし寿司、あさりとお麩のすまし汁

アレンジ：おいなりさん

夏
のごちそう

カツオのたたきの用意は夫の担当。宮崎の郷土料理、
冷や汁も家で作ってみたかったのでトライしました。

カツオたたきポン酢、冷や汁、
お麩とみょうがのスープ

アレンジ：ツナサンド

秋
のごちそう

きのこ好きの夫のために、きのこ3種類をたっぷり入れて
炊き込みごはんを。今年初めてのサンマと一緒に。

きのこ炊き込みごはん、焼きサンマ、昆布豆

アレンジ：五目おにぎり

冬
のごちそう

お肉屋さんで、なんとA5ランクの牛のすじ肉を発見。
安く手に入ってうれしい日はじっくりことこと煮込んで。

牛すじスープ、ふろふき大根、にんじんたらこ

アレンジ：牛すじ煮込み

春
の
ごちそう

五目ちらし寿司、あさりとお麸のすまし汁

アレンジ：おいなりさん

五目ちらし寿司

材料 2合分
にんじん　半分
干ししいたけ　2枚（100mlの水で戻す）
油揚げ　1/2枚
さやえんどう　適量
卵　2個
いくら　適量
しょうゆ　大さじ1
みりん　大さじ1
ごはん　適量
甘酢（27ページ）　大さじ1～2（お好みで）

1 材料をすべて千切りにし、しいたけの戻し汁100mlで5分間フタをして煮る。
2 5分経ったらフタを取って、しょうゆ、みりんを加え、水分をとばしながら煮詰めて、汁気をなくす。
3 別にゆでたさやえんどうを斜め切りして合わせたら具の完成。
4 炊きたてのごはんに甘酢を入れ、五目ちらしの具を混ぜる。
5 錦糸卵を作り、いくらを乗せて完成。

＊五目ちらし寿司の具は倍量作って、半分は冷凍しておくと、次は具を作る工程を省くことができます。また、具を作る工程で、細かく刻んだ鶏肉を加えて、ごはんに混ぜると鶏五目ごはんにもなります。

あさりとお麸のすまし汁

材料
だし汁4人分、塩 少々、しょうゆ 小さじ2
砂抜きしたあさり　1パック
お麸（お好みで）、みつば少々（なくても良い）

あさりを、殻をこすり合わせるようによく洗い、鍋にだし汁を入れて煮立たせて、あさりの口が開いたら調味料で味を整えお麸を入れて火を止める。みつばを飾って完成。

＼ALLANGE／
おいなりさん

多めに作ったちらし寿司でおいなりさんを作れば次の日のお弁当にも。

材料 8個分
油揚げ　4枚、てんさい糖　大さじ3、しょうゆ　大さじ1

1 油揚げを半分に切って、開いておく。ザルに油揚げを入れ、上から熱湯をかけ、油抜きする。
2 鍋に水と油揚げを入れ、煮立たせる。てんさい糖、しょうゆを入れて中火で10分煮る。火を止めフタをして冷めるまで放置（これが味をしみこませるポイント）。冷めたら、油揚げを軽く絞って五目ちらしを詰めて完成。

夏
の
ごちそう

カツオたたきポン酢、冷や汁、お麩とみょうがのスープ

アレンジ：ツナサンド

カツオたたきポン酢

さくで買ったカツオのたたきをスライスし、小ねぎとすりおろしショウガをお好みで(たっぷりがおいしいです！)。ポン酢をかけて食べてください。

冷や汁

材料
サバ缶　1缶
(もしくはアジの干物)
みょうが、きゅうり、大葉とちくわ各適量を薄く切る（薬味はお好みで）
だし汁　250ml（冷たくしたもの）
味噌　大さじ2
白ごま　適量（お好みで）

みょうが、大葉以外をボールに入れてよく混ぜ、ごはんに注ぐ。仕上げに、みょうが、大葉と白ごまをのせれば完成。

お麩とみょうがのスープ

材料
みょうが、もやし、ニラ、お麩　各適量
だし汁　400ml（水とだしパック）
塩　小さじ1

もやしと切ったみょうが、ニラをだし汁に入れ、1分煮る。仕上げにお麩と塩を入れて完成。

\ ALLANGE /
ツナサンド

余ったカツオのたたきで自家製のツナを。サンドイッチは次の日の朝食に。

材料
カツオのたたき　適量、塩　魚の重量の3%、オリーブオイル適量　スライスにんにく　適量、黒こしょう　お好みで、サンドイッチ用パン　2枚、レタス　適量（なくても可）
1 カツオのたたきに塩を塗って、冷蔵庫で2時間ぐらい置く。
2 ドリップ（汁）が出てくるので、清潔な布やキッチンペーパーで表面の塩と一緒に拭き取る。
3 鍋にカツオが浸るくらいのオリーブオイルとにんにくを入れ、低温で熱し、両面の色が変わったら火を止め、余熱で火を通して冷めたら完成。
4 ほぐしてサンドイッチ用のパンにレタスとともにはさむ。

秋のごちそう

きのこ炊き込みごはん、焼きサンマ、昆布豆
アレンジ：五目おにぎり

きのこ炊き込みごはん

材料
しいたけ　3個
えのき　半パック
しめじ　半パック
豚コマ肉　50g
油揚げ　1枚
しょうゆ　大さじ2
みりん　大さじ2
だしパック　1つ
お米　2合
水　2合分

すべての材料を切って、しょうゆ、みりん、だしパックを加えて土鍋で炊くだけ。白米の場合は加熱8分ですが、炊き込みご飯は15分ほど火にかけます。

昆布豆

材料
大豆　100g
水　400ml
出汁昆布　適量
てんさい糖　大さじ5
しょうゆ　大さじ2
ハチミツ　大さじ1

1 大豆を水でよく洗いたっぷりの水を入れて、一晩置く。
2 土鍋で30分コトコト煮て、バスタオルで包みそのまま一晩置く。
3 翌日やわらかくなった大豆（手で潰せる程度）の水を切り、鍋に入れ、水、細切りにした出汁昆布、てんさい糖、しょうゆを入れて中火で煮る。途中でアクを取り除く。アルミホイルで落としブタをし、弱火で1時間ほどコトコト煮る。
4 煮汁がわずかに残る程度まで煮たら、火を止めハチミツを加えて混ぜ、そのままフタをせずに冷やしたら完成。

＊最後、汁が少なくなってくると焦げやすくなるので、注意してください。火を止めてから入れるハチミツが大豆に照りを出すポイント。昆布豆はてんさい糖多めで甘いほうが断然おいしいです。

ALLANGE

五目おにぎり

炊き込みごはんをしたら、次の日のおにぎりが楽しみです。

おにぎりは、夕食後の温かいうちに握っておきましょう。冷蔵庫に入れた分は翌日の朝ごはんやお弁当に。冷凍しておいても、休日のお昼などにさっと食べられますよ。

冬
の
ごちそう

牛すじスープ、ふろふき大根、にんじんたらこ

アレンジ：牛すじ煮込み

牛すじスープ

材料 牛すじ 300g
大根　1/3 サイコロ切り
塩　適量、水　適量
白ネギの青い部分（お好みで）

1 牛すじは2回ゆでこぼし（沸騰したらお湯を捨て新しい水を入れるのを2回）、鍋にたっぷりの水を入れ、全部で6時間ほどコトコト煮る。キッチンに立っているときだけ火にかけておくようにして、夜中は火を止める。朝になるとまた火をつけて、冷ましての繰り返しで良いです。
私は2日ぐらいかけて計4回ほど火を入れ時間をかけて煮ることが多いです。
水がなくなったら水を足すのを忘れずに！
2 牛すじがやわらかくなったら、塩で調味して完成。

＊ゆでこぼし作業をしないと、スープがギトギトになってしまうので、面倒でも最低2回やることをおすすめします。

ふろふき大根

材料
大根　2/3 本
米のとぎ汁　適量
だしパック　1つ
ゆず味噌　適量（ない場合は味噌でも大丈夫です）
白ごま　適量

1 大根を厚さ3センチほどの輪切りにし、皮をむいて、面を取る。
2 鍋に **1** を並べ、かぶるぐらいの米のとぎ汁を入れ中火で 15 分ほど煮る。
3 いったん大根を取り出し、鍋をさっと洗って、大根を戻し、大根がかぶるぐらいの水（分量外）とだしパックを入れてグツグツしてきたら、弱火にしてフタを閉め、コトコト 15 分ほど煮れば完成。
4 盛りつけてからゆず味噌と白ごまを添える。

＊米のとぎ汁で下ゆでをすると、大根に味がよーくしみます。平日は手をかけない分、週末はこの一手間を大切に。

にんじんたらこ

材料
にんじん　1本（皮も使用）
たらこ　1腹
しょうゆ　小さじ1
ごま油　大さじ1

1 千切り器を使って、にんじんをまるごと細くカットする。
2 ごま油を引いたフライパンでにんじんを炒め、しんなりしてきたら、たらこを投入、たらこがプチプチしてきたら、しょうゆをたらし入れる。

＼ALLANGE／
牛すじ煮込み

牛すじスープの具材だけを使って
ごはんのすすむ常備菜を

材料
スープの具の牛すじ肉　あるだけ、水　適量、
しょうゆとみりんは同量
鍋に、牛すじと大根を入れ、浸かる程度の水、しょうゆ、みりんを入れ、汁気がなくなるまで煮詰めたら完成。食べるときに、大人はねぎや七味をかけて食べるとおいしいです。

我が家のおやつ

我が家では、市販のおかしを禁止してはいません。
ですがそれは休日のみのお楽しみ。基本はみかんやイチゴなどのフルーツです。ここでは、平日でも簡単に用意できる安心おやつ、
週末の午後にサッと作っておける手作りおやつをご紹介します。

ルール【rule】

基本ルールは、体にやさしい
手作りおやつを用意するように。

—

平日はすぐ出せる、フルーツが基本。
干しいもなどの
手作りおやつも常備しておくと安心です。

—

週末にはときどき、簡単おやつを
作っておくこともあります。

—

市販のおやつは休日のみ解禁！

平日の簡単おやつ

週末に作っておいたおやつがないときに。
忙しい平日でも「ママ、おやつー!」の声にすぐに応えられる、
とっても簡単な我が家の定番おやつです。

味噌きゅうり

夏のきゅうりがおいしい時期は、ただ洗って切って、お味噌を添えるだけで立派なおやつになります。いかにもな「おやつ」ではありませんが、子どもたちは大好きです。

ふかしいも

我が家では、土鍋ごはんを炊くときに付属の内皿でいっしょにふかしいもを作ることができます。ほっくり甘いふかしいもは、秋～冬の簡単おやつの大定番になっています。バターをつけながら食べてもおいしい。

バナナはちみつホイップ

切ったバナナにホイップクリームをのせて、はちみつをかけるだけ。すごく簡単ですが、クレープの中身を連想させる見た目に子どもたちはとてもうれしそう。メープルシロップでもおいしい。

ドライフルーツパンのラスク

お気に入りのパン屋のハード系ドライフルーツパンを薄くスライスし、バターをのせてトースターへ。バターが溶けたらてんさい糖をまぶしてさらにトーストするだけです。

ココア蒸しパン

卵を使わないので
アレルギーの方にも

材料（4人前）

小麦粉 100g
てんさい糖　大さじ 1
ベーキングパウダー　小さじ 1
ココア　小さじ 1
牛乳　120ml
なたね油　小さじ 1

1 ボウルに小麦粉とてんさい糖、ベーキングパウダー、ココアを入れてよく混ぜ合わせる。
2 なたね油を入れてから、牛乳を少量ずつ加えながらヘラなどで混ぜてタネを作ります。
3 粉っぽさがなくなったら、おかずカップなどに入れ、蒸し器で 10 分程度蒸してできあがり。我が家は土鍋ごはんを炊くときに合わせて専用の内皿で蒸します。

我が家では見た目から「チョコパン」と言っています。自分で作ると、甘さが調整できるのがうれしいですね。

さつまいものカップケーキ

さつまいもをたっぷり
ゴロっと入れて

材料（4人前）

さつまいも　1/2本
●ホットケーキミックス　100g
●牛乳　50ml
●卵　1個
●てんさい糖　大さじ1

1 さつまいもを5mmの角切りにし、耐熱容器に入れてふんわりラップをしてレンジで2分加熱する。
2 その間に、ボールに●を入れて混ぜ合わせ、加熱したさつまいもを加えて、さっくり混ぜ合わせる。
3 2をカップに流し入れ、蒸し器で約8分蒸したら完成。

蒸し器がないときは鍋に少量の水を入れ、お椀を逆さにおいた上に平皿をのせて、そこで蒸してもいいですよ。

冷めてもおいしいおやつです

芋バター

材料（2人前）
さつまいも　1本
てんさい糖　大さじ1
バター　20g

1 さつまいもを切って水にさらし、キッチンペーパーなどで水気をよくふき取る。
2 耐熱容器にバターとてんさい糖を入れ、600w のレンジで約 20 秒加熱して溶かす。
3 オーブンを 180 度に予熱する。バターと砂糖が溶けた耐熱容器にさつまいもを入れ、よくからめる。
4 天板にさつまいもを並べ、180 度のオーブンで約 17 ～ 20 分焼いたら完成。

ひとくち食べたら止まらないおいしさ

酢昆布

材料（2人前）
だし昆布　20cm × 10cm 程度
甘酢　大さじ 1

1 昆布を 1cm 幅で切り、甘酢を入れた耐熱容器に浸けて 30 分以上おいておく
2 1 にふんわりラップをして 600W のレンジで 1 分加熱する。
3 昆布を広げながら取り出し、新聞紙の上で 30 分ほど乾かせば完成。

お弁当のおかずにも

青のりポテト

材料（1人前）
じゃがいも　中1個
青のり　適量
塩　適量
なたね油　大さじ1

1 じゃがいもを食べやすい大きさに切り、ふんわりラップをかけて600W のレンジで5分加熱。
2 フライパンに油をひき、1を加えて両面がこんがりするまで軽く炒める。
3 新聞紙の上に2をのせ、青のりと塩を適量ふりかけ、さっくり和えれば完成。

作りたてのきなこなら、なおおいしい！

きなこトースト

材料（2人前）
サンドウィッチ用の食パン　2枚
バター　20g、きなこ　大さじ1
てんさい糖　大さじ1

1 バターを耐熱容器に入れ、600W のレンジで20秒加熱する。
2 てんさい糖ときなこを加えて混ぜ合わせ、ペースト状にする。
3 2を食パンにうすく塗って、トーストすれば完成。耳を切って4等分すると、子どもは手に持って食べやすいです。

＊我が家は、大豆を炒ってフードプロセッサーで粉にして自家製のきなこを作ります。香りがまったく違いますし、子どもにも「きなこってこうやって作るんだよ」と教えることができます。

COLUMN

土鍋ごはんのおとも

毎日の楽しみ、土鍋ごはんはそのままでももちろんおいしいですが、
ふりかけや佃煮などの「おとも」をのっけると、また格別！
すべて手作りなので、味が濃すぎたり、添加物が心配だったり、
ということもありません。

我が家の基本のふりかけ

青のりふりかけ

こんぶ茶、かつおぶし粉（だしパックの中身でも！）、青のりを混ぜるだけで完成です。分量はお好みで調整してください。ごくごくシンプルな材料なので、安心して家族に提供することができます。

カリカリ梅の食感もいい！

ひじき梅煮

水で戻したひじきをてんさい糖、みりん、しょうゆ少々、塩少々（濃いめにしたい場合は少し多め）で煮詰め、仕上げにカリカリ梅と、ごまを適量合わせます。梅は普通の梅干しでも。

簡単に手作りできます

なめたけ

えのき１袋の石づきを落とし、３等分して鍋に入れ、しょうゆ、みりん、水各大さじ２を加えて煮ます。とろみが出たら仕上げに甘酢大さじ１を加え、汁がなくなればできあがりです。市販品より安くておいしいです。

小エビがいい味出してくれます

小エビと大根の葉のふりかけ

大根の葉を刻み、ごま油を引いたフライパンでしんなりするまで炒めてから、小エビを加え、しょうゆを加えて味を整えます。小エビが、だしの代わりになるので味つけはシンプルに。

お茶漬けにしてもおいしい

おかかふりかけ

かつおぶし 10g、塩昆布 10g（それぞれ細かく刻む）、白ごま大さじ 1、しょうゆ小さじ 1、甘酢小さじ 1 を混ぜるだけでしっとり甘いふりかけの完成。

第4章

生まれた余裕で母シゴト。私の自由時間

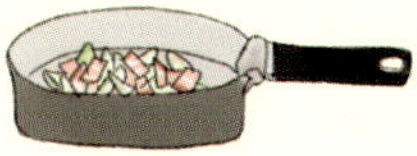

平日&週末の「ものぐさ家事ルーティン」のおかげで
生まれた余裕は、私の自由時間に。

実は、梅干しを漬けたり、干しいもを作ったりと
季節の仕込み仕事が大好きな私は、
自由時間のこの楽しみが欠かせません。

家族のための家仕事というよりも…
自分の楽しみのためかも？
忙しい母だって、自分のためだけの時間が必要！
そんな提案でもあるのです。

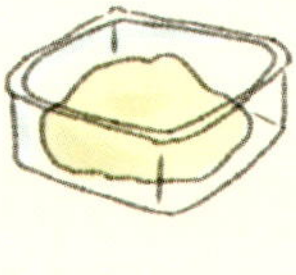

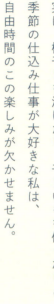

ゆったり週末 1

週末の朝は私のための自由な時間

小さな子どもがいる方は、みなさんそうだと思いますが、私の毎日に自分ひとりで好きなことに没頭する時間はほとんど取れません。もちろん、今は家族との時間が最優先だから割り切っています。ですが、まずは自分自身が満たされていないと、家族を大切にすることもままならないだろうと思っています。そして、それは誰かの言動に期待するのではなく、自分で工夫することが一番いいのかな、って。

そのための1つが、お気に入りの木のお皿に盛り付けるワンプレートの朝食。そして、もう1つが、季節の家しごと。

それを楽しむための時間が、週末の早朝。誰も起きてこないし、出勤の時間を気にする必要もない、ぜいたくなひとり時間です。

春はいちごでジャムを作り、初夏になって店頭に梅が並びだしたら梅シロップや梅干しを。さらに暑くなったら、赤じそでジュースを作り、秋になればさつまいもで干しいもを。冬には、旬の大根で切り干し大根を作ります。

どれも、気になって自分で作ってみたら思いのほか簡単だし、その工程もとても楽しい。ささやかな感動が私を満たしてくれるのです。

もちろん、「週末の朝は早起きして、自分ひとりの時間を作らなきゃ！」と義務のように感じているわけではまったくないのですよ。

今日は眠いなぁってときは、8時ごろまで布団でごろごろ。そんな決め込まないスタイルが私の週末の過ごし方にぴったりなのです。

AM7:00
朝は自分だけの時間…
むくっ
こんな時は…
家事でもする?
いやいやまさかー
早朝の1人至福タイム!!
ジャム作り
リンゴ酢仕込み
のどあめ作り
etc…
幸せ
週末のワンプレートは余裕もあるので楽しんで作りマス!!
リコッタチーズパンケーキ
ポトフ!!
ポタージュ

ゆったり週末 2

週末は家族の時間
みんなそろってお出かけです

平日は、あらゆることを習慣化、ルール化して合理的に過ごす私ですが、休日は、先にご紹介した日曜に行ういくつかの「先回り家事」以外は、まったくのノープランで過ごしています。

特に土曜日は家事をせず、完全に家族を最優先する一日。子どもたちに合わせて、私も完全にスイッチオフ。ゆるゆると過ごします。

土曜日は、お昼前には家族みんなでお出かけです。といっても、週末のたびに娯楽施設に足を運んだり、自然あふれる山や海へと遠出しているわけでもなく、目的地はたいてい電車で30分圏内にある近くの街やショッピングモール。そこで散歩をしながらウインドウショッピングをしたり、コーヒーなどをテイクアウトして公園で遊んだり。

特別なことはありませんが、私たちにとっては、家族そろって過ごす時間そのものが大切です。

それに、子どもは公園に咲く花や道端を歩く鳩、ふと見たお店の看板など、目の前のさまざまなものからおもしろさを見出して、自ら遊びを作り出します。

都会に住んでいる私たち家族ですが、子どもは今の環境からでも十分に学び、たくさんのことを吸収して、ちゃんと生きる力を身につけていっているのかもしれません。だからこそ、母親である私は、娘たちが元気に過ごせるように、ベースとなる食生活を整えてあげたいなぁと思っているのです。

とある週末、家族でお出かけ中ー
フル フル
うんち出る…
え!!
待って待って!! トイレどこだろ!?
出ちゃう~
びゅいーんっ
キャー!! ちょっと待ってー!!
あった!! よかった~!!
はいっもうしていいヨ~
……
しょぼ~ん
うんち… おうち帰ちゃだ…
たはーっ!!

ゆったり週末 3

季節を楽しみ少し手をかける週末夜ごはん

週末のごはんは、土曜日と日曜日でテーマが違います。まず、買い物直前の土曜日の夕食は、冷蔵庫の食材が底をつきかけているので、それらと、冷凍庫のストック食材を一掃するのがテーマ。たいていは、先回りセットのお肉を焼いて、味噌汁セットを使ってお味噌汁を作り、あとは土鍋でごはんを炊いて完成。ちなみに、ランチはお出かけ先で食べることが多いので、せっかくだから家では作らない料理を。たとえば異国の料理やとんかつ、お寿司などを選ぶことが多いですね。

一方の日曜日は、家族そろって買い物に行って選んだ食材で作る、お楽しみごはん。春にはひなまつりを意識してちらし寿司を作ったり、寒い季節には、お肉屋さんで買ったおいしい牛すじをじっくり煮込んで体の温まるスープを作ったり。季節を楽しみ、ちょっとだけ手をかければ、毎週少しだけごちそう気分。

この週末があるからこそ、平日は割り切れるのかも。もちろん、こちらも旬の食材を使ったからだにうれしい夕食であることに変わりはないんですけどね。

ちなみに、週末のごはんは、たびたび夫が腕をふるいます。夫は、私よりも丁寧にお米を研ぐためか、炊いたお米が光っているようですし、お味噌汁もダシの香りを生かすようにねぎを水にさらしてぬめりを取ったり、乾燥わかめを別の容器で戻してから加えたりと手をかけるので味噌汁も上品な仕上がりに。あとは、魚をさばいて刺身にしたり…もしかして私より料理上手（笑）？ そんなことも平日にはない、週末ごはんの食卓の楽しみだったりするのです。

僕が作ります!
週末のだんなごはんの情熱はスゴイ!!
米
これは!!
とぎながら、クズ米を取りのぞく
みそ汁
切って
ネギは1度水にさらす
アジの刺身
アジ1匹丸々買ってきて
自分でさばく!!
盛りつけも完ペキ♪
お米が立ってる!
毎日食べたーい!
すっごくおいちー♥
ほめゴロシ!!
そう?
でも…毎日はムリだな〜…

あとがき

誰もが、それぞれにゆずれない宝物があると思います。

それが、私にとっては、家族と過ごす時間。そして、自分のためだけの時間でした。だけど、毎日毎日、目の前の「今すぐやらなくちゃいけない家事」に追われて家族と笑顔で過ごす時間が減ってしまったり、せっかくできた自分だけのためのひとり時間に残った家事をこなさなきゃいけない事実に、いつもうんざりしていました。

…なんで私ばかり。

このもやもやした気持ちが「ものぐさ家事ルーティン」を作るきっかけになりました。

だから、この仕組みを作るにあたって、「やりたくない家事をいかにストレスなくこなせるか」を最大のポイントとし、最新家電を駆使しなくても、便利グッズをそろえなくても、発想の転換や考え方、ちょっとした工夫で家事はものすごく簡素化できることに気づきました。

特に試行錯誤をしたのは、「料理」です。

私が日々の暮らしで優先順位をつけたとき、もっとも大切にしたいと思ったのは、家族の健康でした。元気な毎日を過ごすためには「規則正しい健康的な食事」が必要なんだと気づいたのです。だから、一番簡単なやり方で、健康的な食卓を叶える方法をたくさん生みだすことができました。こちらで紹介した「すぐやる!」コツの多くが料理についてなのは、そういうわけです。

本書をお読みくださった皆さまが、ストレスなく「すぐやる!」家事を取り入れることによって、「あれ?　いま私、心も体も余裕かも!」と思っていただける日が来てくれると信じています。

私自身も、今後子どもが成長し、生活環境が変わるたびにまたルーティンを更新していくと思います。日々悩みながら、一番心地よい方法を生みだし、進化させていきたい。そんな暮らしを皆さんと共に楽しむことができたら、とても幸せに思います。

２０１７年１月　マキ

STAFF
イラスト　きのかんち
デザイン　MARTY inc.
撮影　貝塚純一
DTP　榎本美香
校正　玄冬書林
編集　高木沙織
編集統括　吉本光里（ワニブックス）

めんどくさがりな性格のまま、
体がサクサク動くアイデア

家事は、すぐやる!

著　者　マキ

2017年2月1日　初版発行
2017年3月10日　2版発行

発行者　横内正昭
編集人　青柳有紀
発行所　株式会社ワニブックス
〒150-8482 東京都渋谷区恵比寿4-4-9 えびす大黑ビル
電話 03-5449-2711（代表）
03-5449-2716（編集部）
ワニブックスHP　http://www.wani.co.jp/
WANI BOOKOUT　http://www.wanibookout.com/

印刷所　凸版印刷株式会社
製本所　ナショナル製本

定価はカバーに表示してあります。
落丁本・乱丁本は小社管理部宛にお送りください。送料は小社負担にてお取替えいたします。
ただし、古書店等で購入したものに関してはお取替えできません。

ISBN 978-4-8470-9532-0